www.ingramcontent.com/pod-product-compliance
Lightning Source LLC
LaVergne TN
LVHW021223080526
838199LV00089B/5819
9789358722406

مرشد

(طنزیہ مزاحیہ مضامین)

رشید احمد صدیقی

© Rasheed Ahmad Siddiqui

Murshad *(Humorous Essays)*
by: Rasheed Ahmad Siddiqui
Edition: October '2024
Publisher :
Taemeer Publications LLC (Michigan, USA / Hyderabad, India)

ISBN 978-93-5872-240-6

9 789358 722406

مصنف یا ناشر کی پیشگی اجازت کے بغیر اس کتاب کا کوئی بھی حصہ کسی بھی شکل میں بشمول ویب سائٹ پر اَپ لوڈنگ کے لیے استعمال نہ کیا جائے۔ نیز اس کتاب پر کسی بھی قسم کے تنازع کو نمٹانے کا اختیار صرف حیدرآباد (تلنگانہ) کی عدلیہ کو ہوگا۔

© رشید احمد صدیقی

کتاب : **مرشد** (مضامین)

مصنف : **رشید احمد صدیقی**

صنف : طنز و مزاح

ناشر : تعمیر پبلی کیشنز (حیدرآباد، انڈیا)

سالِ اشاعت : ۲۰۲۴ء

صفحات : ۱۲۲

سرورق ڈیزائن : تعمیر ویب ڈیزائن

فہرست

کچھ اپنے کچھ ان مضامین کے بارے میں		6
(۱)	سرگذشتِ عہدِ گل	9
(۲)	حاجی صاحب	19
(۳)	مولانا سہیل	32
(۴)	دھوبی	45
(۵)	وکیل صاحب	55
(۶)	اپنی یاد میں	62
(۷)	چارپائی	81
(۸)	پاسبان	89
(۹)	ارہر کا کھیت	107
(۱۰)	مرشد	113

کچھ اپنے کچھ ان مضامین کے بارے میں

ان مضامین کو لکھے چھپے ۲۵۔۳۰ سال ہوئے ہوں گے، اگر زیادہ نہیں۔ مختلف رسالوں کے لیے مخصوص حالات میں کبھی اپنی مرضی سے کبھی دوستوں اور عزیزوں کے اصرار پر لکھے۔ جو بات جس طرح ذہن میں آئی لکھ ڈالی۔ ایسا نہیں ہونا چاہیے تھا لیکن کیا کرتا "عقل سے شرمساری" کے وہ دن ایسے ہی تھے۔ اب تو بہت سے وہ مواقع اور واقعات بھی اچھی طرح یاد نہیں رہے جن کی طرف ان مضامین میں اشارے ملتے ہیں۔ گو اس زمانے میں ان کا بڑا چرچا تھا۔ ایسا نہ ہوتا تو وہ میرے اس "صحیفۂ اعمال" میں درج کیسے ہو جاتے۔ مکتبہ جامعہ دہلی نے جوں کا توں ان کا مجموعہ بھی "مضامین رشید" کے نام سے شائع کر دیا۔

اس سے بے خبر نہیں تھا کہ یہ کام جس رد روی یا غفلت میں انجام پایا ہے اس سے اس میں طرح طرح کی خامیاں راہ پا گئی ہوں گی۔ یہ جانتے ہوئے بھی کیا وہی جو سہل انگار بر خود غلط یا ناعاقبت اندیش ہمیشہ سے کرتے آئے ہیں اور کرتے رہیں گے۔ یعنی نفس کو دھوکے دیتا رہا کہ ایسی بھی کیا جلدی ہے، فرصت سے ان کی طرف توجہ کروں گا۔ یہ بھی ممکن ہے لوگ ان فروگذاشتوں پر درگذر سے کام لیں یا ان کے پاس اس سے بہتر کام کرنے کو ہوں یا اتنا بُرا

بن جاؤں کہ میری خامیاں بھی خوبیوں میں شمار ہونے لگیں. گو اس اندیشے سے بھی خالی نہ تھا کہ اگر اتنا ہی چھوٹا اور معمولی رہا جتنا کہ دراصل ہوں تو خوبیاں بھی خامیوں میں گنی جانے لگیں گی. دوسرے کو دھوکا دینے کی قابلیت یا ہمت نہ ہو تو اپنے ہی کو دے لینے سے نفس کو تشفی ہو جاتی ہے۔

ان اجزاء کو انجمن ترقی اردو (ہند) نے اپنے اہتمام میں شائع کرنے کا ارادہ کیا تو حسبِ عادت اس کو بھی آج کل پر ٹالتا رہا. دل یہی چاہتا تھا کہ انجمن اس ارادے سے باز آجائے تو میں نظرِ ثانی کرنے کی زحمت سے بچ جاؤں. لیکن اربابِ انجمن کا مسلسل و مخلصانہ اصرار موجبِ آزار ہونے کے بجائے باعثِ غیرت اور وجہِ افتخار دونوں محسوس ہونے لگا تو آمادہ ہو گیا. لکھنے کے بعد ان کو آج تک پڑھا نہیں تھا نہ چھپنے کے دوران میں نہ اس کے بعد اب جو دیکھتا ہوں تو بڑا کام رفو کا نکلا" جس پر شرمندگی ہوئی اس سے زیادہ پچھتاوا، تھوڑی سی ہنسی بھی آئی۔

جہاں تک ہو سکا زیادہ سے زیادہ کاٹ چھانٹ سے کام لیا. بعض مضامین حذف کر کے ان کے بجائے دوسرے رکھ دیے. بڑے نامساعد حالات میں یہ تکلیف دہ کام انجام دینا پڑا. پھر بھی جانتا ہوں کہ جو فروگزاشت ہو چکی تھی، اس کا مداوا نہ ہو سکا۔ ہو بھی نہیں سکتا تھا. اب معلوم ہوا کہ آدمی فرشتوں ہی کے لکھے پر نہیں پکڑا جاتا اپنے لکھے پر اور زیادہ پکڑا جاتا ہے. فرشتوں کی تحریر پر تو ممکن ہے آخرت میں بخشائش کی کوئی صورت پیدا ہو جائے اپنی تحریر پر دنیا میں کوئی نہیں بخشا جاتا. اور کیا معلوم فرشتوں کا نام کس مصلحت سے لیا جاتا ہے ورنہ دراصل ہمارا نامۂ اعمال ہمارے سوا کوئی دوسرا لکھ ہی نہیں سکتا چہ جائیکہ وہ صرف فرشتہ ہو. یہ اور بات ہے کہ وہ دستاویز پہلے ہی سے تصنیف شدہ موجود ہو جس کو بقول غالب ہم اپنے نامۂ اعمال میں "نقل مطابقِ اصل" کرتے رہتے ہوں، اگر یہ ہے تو میں نے اپنے اس نامۂ اعمال میں جی کھول کر تحریف کی ہے.

بعض احباب نے اس طرح کی ترمیم و تنسیخ سے اختلاف کیا ان کے دلائل جتنے قوی تھے اتنے قوی وہ خود نہ تھے اس لیے دونوں میں سے کسی کو خاطر میں نہ لایا. میری طبیعت کی افتاد کچھ اس طرح کی ہے کہ چھپنے کے بعد اپنے مضامین کی وقعت اپنی ہی نظروں سے بالکل نہیں

گرجاتی تو بہت کم ہو جاتی ہے۔ زیرِ نظر مضامین جب لکھے گئے تھے اس وقت میں کچھ اور تھا۔ ساتھی اور تھے، باتیں اور تھیں، گردشِ لیل و نہار یا تقدیر الٰہی کچھ اور تھی، اب اور ہے۔ بدلے ہوئے حالات کا مناسب حد تک لحاظ رکھنا ضروری تھا۔ لکھنے والا کوئی ہو اس کو اپنا ہی نہیں، اپنے ناظرین اور اپنے معاشرے کا بھی جلد یا بدیر جواب دہ ہونا پڑتا ہے۔ مسخرے کو معلّم بنانا ستم ظریفی ہے لیکن معلّم کا مسخرہ بھی رہ جانا بدتوفیقی ہے۔

کچھ عزیزوں نے اس خواہش کا بھی اظہار کیا کہ ان مضامین کی روشنی میں زندگی۔ زمانہ۔ ادب۔ آرٹ۔ عورت وغیرہ کے بارے میں بھی کچھ عرض کروں۔ ان موضوعات پر کسی کے کہے بغیر کبھی کبھی اپنے جانے بغیر بھی تمام عمر کچھ نہ کچھ کہتا سنتا رہا ہوں اور شاید کوئی لکھنے والا ایسا نہ ہو جو ان سے باہر ہو کر لکھتا ہو تو پھر کیا ضرور کہ آج خاص طور پر ایسا کیا جائے۔ یہاں ان کا ذکر "درحدیث دیگراں" ہی تک رہے تو بہتر ہے ضمناً اس امر کا بھی اقرار کرنا چاہتا ہوں کہ میرے کرم فرما جتنا مجھے یا میری تحریر کو پسند فرماتے ہیں اس کا عشرِ عشیر بھی نہ میں اپنے کو پسند کرتا ہوں نہ اپنے ان مضامین کو۔

دوسری بات "باقرارِ صالح" یہ عرض کروں گا کہ سطورِ بالا میں کوئی بات بطورِ انکسار نہیں، سب از روئے اعتراف کہی گئی ہے۔

رشید احمد صدیقی

"سرگزشتِ عہدِ گل"

یونین کے پریسیڈنٹ صاحب نے دعوت دی ہے کہ اس مذاکرے میں شریک ہوں جس میں علی گڑھ کے گنہ گار علی گڑھ کے بارے میں اپنے اپنے اعترافات پیش کریں گے۔ موصوف نے مجھے اصالتاً حاضر ہونے سے معاف کر دیا ہے اور اجازت دی ہے کہ بیانِ تحریری داخل کر دوں۔ سنتا ہوں عدالت کسی شخص کو ایسا بیان دینے پر مجبور نہیں کر سکتی جس سے اس شخص کے مجرم قرار دیے جانے کا امکان پیدا ہوتا ہو۔ یہ بات ذرا دیر میں معلوم ہوئی اب سے بہت پہلے علی گڑھ اور اپنے بارے میں ایسے بیانات دیتا رہا ہوں جن سے ایک سے زیادہ جرائم میں ماخوذ ہو سکتا ہوں۔ مگر کیا کروں جناب صدر کے اصرار پر۔

"دل پھر طوافِ کوئے ملامت کو جائے ہے
پندار کا صنم کدہ ویراں کیے ہوئے"

لیکن تنقید نگار برہم ہیں کہ میرے "ذکر و فکر" میں علی گڑھ اس درجہ کیوں دخیل ہے۔ یہ شکایت ہم دونوں کو ایک دوسرے سے ایک عرصہ سے لاحق ہے۔ "آشفتہ بیانی" کے شائع ہو جانے کے بعد خیال تھا کہ زائل نہیں تو بہت کم ہو جائے گی۔ لیکن ہوا یہ کہ سرگرانی اور بڑھ گئی۔

لکھنے پڑھنے کا کام کرتے مدت ہو گئی۔ مخالف اور موافق دونوں طرح کی تنقیدوں سے واسطہ ہوا کسی نے تعریف کی تو جی یقیناً خوش ہوا کسی نے تنقیص کی تو دل برداشتہ نہیں ہوا یہ تعلّی نہیں اقرارِ صالح ہے اس لیے کہ میری جن باتوں کو قابلِ گرفت قرار دیا گیا وہی تو میرا سرمایۂ افتخار وانبساط ہے۔ ان سے اپنے کو کسی حال میں باز نہیں رکھ سکتا۔ مثلاً یہی میری تحریروں میں علی گڑھ کا مخل دخل۔ میں ان کا سہارا لیے یا ان کا اشارہ پائے بغیر نہ اپنی شخصیت کا اظہار کرسکتا ہوں نہ اسلوب یا فن کا۔ آپ ہی بتائیں جو شخص اظہار و ابلاغ کے وسائل سے محروم کردیا جائے وہ کس کام کا رہ جائے گا تا وقتیکہ وہ شخص فن کار نہیں کسی کا آلۂ کار ہو۔ تو حضرت دمڑی کی ہنڈیا اپنی خیر منائے میں تو اپنی ذات پہچنوائے بغیر نہیں رہ سکتا۔

دوسری بات یہ ہے کہ اگر تصنیف و تالیف کا شوق ہو تو اعتراض سننے اور سہنے کا خوگر ہونا چاہیے۔ مصنف اور پبلک دونوں ایک دوسرے کے امانت دار ہوتے ہیں اس لیے دونوں کو دوسرے پر احتساب کا بھی اختیار حاصل ہے اور ایک دوسرے کا احترام بھی لازم آتا ہے۔ اگر مصنف اس احتساب کی تاب نہیں لاسکتا تو اسے غالب کے مشہور فارمولے پر عمل کرنا چاہیے یعنی

"جس کو ہو دین و دل عزیز اس کی گلی میں جائے کیوں"

میں تنقید نگار کی بڑی عزت کرتا ہوں اس لیے کہ اسے شعر و ادب کا ضمیر سمجھتا ہوں وہ ہماری عزت افزائی یا چشم نمائی نہ کرے تو ہم شعر و ادب کی ذمہ داری کو نہ سمجھ سکیں نہ اس سے عہدہ برآ ہو سکیں۔ لیکن اگر تنقید نگار اپنے آپ کو شعر و ادب کا ضمیر سمجھنے کے بجائے کچھ اور سمجھے تو وہ یقیناً ہمارے احترام و حمایت کا سزاوار نہیں ہے۔ البتہ اپنے جن تنقید نگاروں کا میں نے ذکر کیا ہے ان کے بارے میں یہ فیصلہ نہیں کر پایا ہوں کہ وہ مجھ سے برہم ہیں یا علی گڑھ سے آزردہ میرا تو خیال یہ ہے کہ دونوں سے بیزار ہیں۔ اس لیے کہ اگر وہ ہم میں سے کسی ایک سے خوش ہوتے تو دوسرے کا گناہ ضرور بخش دیتے جیسا کہ کہا جاتا ہے "بداں را بہ نیکاں ببخشد کریم"

اچھا اس قصہ کو چھوڑیے، آپ کو ایک حادثہ سناؤں جو اب اتنا حادثہ نہیں رہا جتنا

قصہ۔ ایم۔اے۔او کالج نان کو آپریشن تحریک کی زد میں آیا۔ موافق اور مخالف طاقتیں صف آرا ہوگئیں۔ طالب علموں کو راہِ راست پر رکھنے یا لانے کے لیے "والدین" کثرت سے آئے بھی اور لائے بھی گئے۔ کبھی کبھی ایسا معلوم ہونے لگتا جیسے طلبا سے زیادہ والدین آگئے۔ لیکن واقعہ صرف اتنا تھا کہ اس زمانے میں ایسے طلبا بھی ہوتے تھے جن پر والدین کا دھوکا ہوتا تھا۔ جہاں دونوں گڈمڈ ہوئے وہاں ظاہر ہے والدین یا والدین نما زیادہ نمایاں ہوتے۔ کمروں میں، میدانوں میں، مسجد کے آس پاس، یونین کے نزدیک، سڑکوں پر درختوں تلے جہاں دیکھیے مختلف ٹولیاں بحث میں مصروف ہیں۔ کہیں:

"ملک الموت کو ضد ہے کہ میں دم لے کے ٹلوں"

تو کہیں "سر بسجدہ ہے مسیحا کہ مری بات رہے"

اسٹریچی ہال کی پشت پر ٹینس کے کچّے کورٹ تھے۔ کھیل ہو رہا تھا کہ ایک طرف سے نان کوآپریشن کی تبلیغ کرنے والے کچھ طالب علم لیڈر آگئے۔ کھیل بند کر دیا گیا۔ سب یک جا ہوگئے۔ کھیلنے والوں میں اسٹاف کے ایک ممبر تھے جو اپنے زمانے میں بڑے ممتاز طالب علم تھے اور کھلاڑی بھی اور نان کوآپریشن کے سخت مخالف۔ دوسری طرف تحریک کی حمایت کرنے والوں میں اس زمانے کے سب سے مشہور طالب علم تھے۔ نام کسی کا نہیں لیتا۔ فرض کر لیجیے ایک کا نام زید دوسرے کا عمر تھا۔ بحث رفتہ رفتہ تیز ہونے لگی نوبت یہاں تک پہنچی کہ زید نے کہا برطانیہ کی فوجیں کعبہ شریف اور ایم اے او کالج پر گولے برسانے لگیں تو آپ کس کی حفاظت کریں گے۔ عمر نے بغیر کسی تامّل کے جواب دیا، کالج کی! سب سنّاٹے میں آگئے اور مجمع منتشر ہو گیا۔

یہ قصہ اس لیے نہیں سنا رہا ہوں کہ مباحثے کی جہاں تان ٹوٹی ہے، میں یا آپ اس پر فخر کریں۔ بتانا یہ ہے کہ علی گڑھ سے مجھے جو الفت ہے، اور میرے دل میں اس کا جو احترام ہے اس میں میرے شریک اور بھی ہیں۔ ایم اے او کالج کے عہد میں جہاں اس طرح کے طلبا تھے اس رنگ کے بھی تھے مجھے تو یقین ہے آج بھی اس نمونے کے طلبا زیادہ نہیں تو چند ضرور موجود ہوں گے۔ یہ اور بات ہے کہ وہ مجھ سے زیادہ سمجھ دار اور کم

بلند بانگ ہوں۔

تو صاحبو! اگر میں ایم اے او کالج کا "جاں دادۂ ہوائے سرِ رہ گزار" ہوں تو اس میں کسی "محمل نشیں" کے شاد یا ناشاد ہونے کی کیا بات ہے، "غبارِ قیس خود اٹھتا ہے خود برباد ہوتا ہے۔" ہر شخص اپنا محبوب اور اپنا عقیدہ منتخب کرنے میں آزاد ہے۔ میرے عہد میں تو اس کی آزادی تھی، ممکن ہے آپ کے عہد میں نہ ہو اور آپ اس پر مجبور ہوں کہ دوسرے آپ کے لیے محبوب اور معتقدات متعین اور منتخب کریں۔

ان باتوں سے قطع نظر یہ امر بھی قابلِ لحاظ ہے کہ میرا علی گڑھ سرسیّد کے عہد سے بہت قریب تھا۔ آپ کا بہت دور ہے۔ آج ۱۹۵۹ء میں آپ جتنے امریکہ یا روس سے قریب ہیں، میں سرسیّد اور ان کے رفقا سے قریب تھا۔ اس لیے میں یا میرے ساتھی جس طرح سرسیّد، ان کے مشن اور ان کے تابعین اور تبع تابعین کے زیرِ اثر ہو سکتے تھے، آپ روس یا امریکہ، ان کے مشن یا ان کے تابعین اور تبع تابعین کے زیرِ اثر ہو سکتے ہیں، ما بخیر شما سلامت:

انیسویں صدی کے وسط میں مسلمانوں پر جو مصیبت نازل ہوئی اس سے ان کو بچا لے جانے کا شرف سرسیّد کے حصے میں آیا جن سے زیادہ جامع حیثیات سے مسلمان اس صدی میں پیدا نہیں ہوا۔ ہر تباہی اپنی تلافی بھی ساتھ لاتی ہے۔ اتنی بڑی تباہی اتنا ہی بڑا شخص پیدا کر سکتی تھی۔ اس عہد میں مسلمانوں کو نئی زندگی، نیا شعور اور نیا حوصلہ دینے میں علی گڑھ تحریک اور اس سے برآمد ہونے والے سب سے مبارک مستحکم اور معتبر ادارے علی گڑھ کالج (مسلم یونیورسٹی) نے جو کارہائے نمایاں انجام دیے وہ محتاجِ بیان اس لیے نہیں کہ آپ میں شاید ہی ایسا کوئی ہوگا جو ان سے کم و بیش واقف نہ ہو۔ سرسیّد نے مدرسۃ العلوم کے وسیلے سے مسلمانوں کو اس قابل بنایا کہ وہ ہندوستان میں عزت اور فراغت کی زندگی بسر کریں۔ یہی نہیں بلکہ اسلام اور مسلمان دونوں ہندوستان میں غیر مسلموں کے لیے نیز دنیا کے دوسرے خطوں کے لیے اور خود مسلمانوں کے لیے قابلِ قدر نمونہ بنیں۔

سرسیّد کے معتمد رفقا بعض امور میں ان کے ہمنوا نہیں تھے۔ سرسیّد نے کہیں اس کا مطالبہ نہیں کیا ہے کہ وہ جو کچھ کہتے تھے اس پر آنکھ بند کر کے عمل کرنا چاہیے موجودہ عہد کے

تقاضوں کی روشنی میں سرسید کے افکار و آراء کو ضرور پرکھنا چاہیے۔ اور سرسید کا کیا ذکر آپ تو جانتے ہیں اسلام سے پہلے کے ادیان اور ان کے صحائف مقدسہ میں خود ان کے مصنفِ اعظم (خدا) نے حالاتِ زمانہ کے اعتبار سے یکے بعد دیگرے ترمیم و تنسیخ کی ہے۔ جن حالات و حادثات کی زد میں سرسید نے جو تدابیر اختیار کیں ان میں کچھ ایسی بھی ہیں جن کو فرسٹ ایڈ سے تعبیر کرنا زیادہ صحیح ہوگا۔ اگر ہم اس وقت کی مرہم پٹی کو مستقل علاج سمجھ لیں تو یہ عقل سلیم اور سرسید دونوں کے ساتھ بے انصافی ہوگی۔ سرسید کی سیاسی تعلیمی معاشرتی اور مذہبی اصلاحات کو اس نقطۂ نظر سے بھی دیکھنے کی کوشش کرنا چاہیے۔ انگریز اور انگریزی حکومت سے تعاون، مغربی تحریکات کی طرف توجہ، اردو یونیورسٹی کے قیام کے بجائے انگریزی پڑھنے اور ایک اعلیٰ درجہ کی تعلیم گاہ قائم کرنے پر زور دینا، مذہب کو روزی کمانے جہالت پھیلانے اور فتنہ اٹھانے کا وسیلہ بنانے کے بجائے فہم و بصیرت، حوصلہ مندی اور انسانیت و دوستی کا محرک اور ترجمان بنانے پر زور دینا، کانگریس کی پالیسی سے مسلمانوں کو دور رکھنے کی کوشش اور اس طرح کی دوسری باتیں اس عہد کے حالات کے اعتبار سے مسلمانوں کے لیے مناسب اور مفید سمجھی گئیں۔ ۷۰۔ ۷۵ سال بعد ہم ان پر ریویو کرنے میں یقیناً حق بجانب ہیں۔ البتہ اس کے مجاز نہیں کہ ان باتوں پر سرسید کو رجعت پسند، ہندوستانی قومیت کا دشمن یا اردو فارسی عربی کا مخالف قرار دیں۔

بذاتِ خود میں ہندوستان کے مسلمانوں کو عقائد اور اعمال کے اعتبار سے دوسرے ممالک کے مسلمانوں سے بہتر مسلمان سمجھتا ہوں۔ چنانچہ جب کبھی بلادِ اسلامیہ کے مسلمانوں کا نام لے کر مسلمانوں کو ان کی روش پر چلنے کی ترغیب دی جاتی ہے تو اس کو صحیح رہنمائی نہیں سمجھتا۔ میرے نزدیک بحیثیت مجموعی ہندوستان کے مسلمان باہر کے مسلمانوں کے لیے قابلِ تقلید ہیں نہ کہ باہر کے مسلمان یہاں کے مسلمانوں کے لیے۔ یہاں کے مسلمانوں کو یہ امتیاز علی گڑھ نے بخشا۔ اس کا یہ مطلب نہیں کہ ہندوستان کے دوسرے اسلامی اداروں کا اس میں حصہ نہیں یقیناً ہے لیکن علی گڑھ نے مذہبی ادارہ نہ ہوتے ہوئے ایک معیاری تعلیم گاہ (کالج و یونیورسٹی) کی حیثیت سے جس کثرت سے اچھے مسلمان اور اچھے شہری پیدا کرنے کی جیسی بیش بہا خدمات انجام دی ہیں، ان کا جواب شاید

ہندوستان کی کسی دوسری تعلیم گاہ میں نہ ملے اور یہ فیضان اس علی گڑھ کا ہے جس میں غیر مسلم پوری آزادی کے ساتھ یونیورسٹی کے ان تمام فوائد سے متمتع ہوتے ہیں جن سے مسلمان ہوتے ہیں۔ علی گڑھ کو دیکھ کر کبھی کبھی یہ خیال بھی آیا ہے کہ اچھے مسلمان، مذہبی اداروں کے مقابلے میں ایسے اسلامی اداروں سے زیادہ نکلتے ہیں جہاں دنیوی علوم و امور سے بھی طلباء کو آشنا ہونے کے زیادہ سے زیادہ مواقع ملتے ہیں۔

مجھے اپنے عہد کا علی گڑھ اس لیے خاص طور پر عزیز رہا ہے کہ اس زمانے میں کالج کی نام وری تمام تر طلبہ کی کارگزاریوں کی رہینِ منّت تھی۔ اچھے سے اچھے طالب علم ہونے کے علاوہ بڑے اچھے مقرر، بڑے اچھے کھلاڑی، بڑے اچھے انشاء پرداز اور شاعر ہوتے، جرأت، ذوق اور ذہانت کے مواقع تلاش کرتے کہ کوئی اچھے سے اچھا بولنے والا باہر سے آئے اور دیکھے کہ ہمارے ساتھی طالب علم اس فن میں کیسی مہارت رکھتے ہیں۔ کوئی مشہور مقرر یا لیڈر اس زمانے میں باہر سے آنے والا ہوتا تو ہم اس پر خوش ہوتے کہ آج ہمارے فلاں بولنے والے کا جوہر چمکے گا اور مہمان کو معلوم ہوگا کہ اس کا سابقہ کیسے طالب علموں سے ہے۔ اس پر فخر نہیں کرتے تھے کہ معزز مہمان کے تشریف لانے اور گہر افشانی فرمانے سے "کلاہِ گوشۂ دہقاں" کہاں سے کہاں پہنچ جائے گی۔

چنانچہ میں کچھ اس طرح پر سوچنے لگا ہوں کہ اس ادارے کی ناموری اور نیک نامی کا مدار جتنا یہاں کے طلبہ کی ناموری اور نیک نامی پر ہے کسی اور پر نہیں۔ اتھارٹیز، اسٹاف، سرمایہ، ساز و سامان، کتب خانے، باغ و راغ، کاخ و کو، خورد و نوش، بود و باش، کھیل کود، تفریح و تفنن سب ہیچ ہیں۔ اگر ہمارے طلبہ بطور خود اپنے آپ کو بہتر بنانے کا حوصلہ نہ رکھتے ہوں، ایسے طلبا متداول اور مقررہ علوم و فنون پر عبور رکھنے کے علاوہ اس ادارے کے بنیادی مقاصد اور بہترین روایات کو عملی جامہ پہنا سکتے ہیں۔ اور یہ کوئی نئی بات نہ ہوگی۔ اس لیے کہ انھوں نے ایسا کر دکھایا ہے۔ اس دانش گاہ کے طلبہ کی ذمہ داریاں دوسری درس گاہوں کے طلبہ کی ذمہ داریوں سے کہیں زیادہ مختلف اور مشکل ہیں۔ اس لیے میں چاہتا ہوں کہ یہاں کے طلبہ باہر کی ہر تحریک اور ہر جماعت کی پیروی آنکھ بند کر کے نہ کیا کریں خواہ وہ تحریک اور جماعت طلبہ

ہی کیوں نہ ہوں۔

علی گڑھ سے میرا شغف ان عزیزوں کو گراں گزرتا ہے جنھوں نے خود کبھی علی گڑھ میں تعلیم نہیں پائی۔ مجھے یقین ہے اگر انھوں نے طالب علمی کے دن یہاں گزارے ہوتے تو میرے ہمنوا ہوتے۔ اتنی سی بات تو وہ بھی محسوس کرتے ہوں گے کہ اپنے زمانۂ طالب علمی کی یاد ہر شخص کو خوشگوار محسوس ہوتی ہے، چاہے وہ زمانہ تکلیف اور تردّد ہی کا کیوں نہ رہا ہو، پھر مجھ سے کیوں بدگمان ہوں جس نے اپنی طالب علمی کا بہترین زمانہ ایسے ادارے میں بسر کیا ہو جو ہندوستان کے مسلمانوں کے دیرینہ علمی اور تہذیبی ورثے کا امین، ان کے حوصلوں کا مرکز اور امیدوں کا سرچشمہ رہا ہو اور ایسے ساتھیوں میں گزارا ہو جو مذہب، ملک، سوسائٹی اور علوم و فنون کی دی ہوئی طرح طرح کی نعمتوں اور برکتوں سے بہرہ مند تھے۔ ایسی روایات، ایسی فضا، ایسا ساتھ، ایسے مشغلے، ایسے شب و روز ان سب کا آخر کچھ تو اثر ہوتا ہی ہے۔

مجھ سے آپ کی بیزاری بے وجہ بھی نہیں ہے آپ کو وہ عہد ملا جس میں عالم گیر اختلال و انتشار راہ پا چکا ہے جہاں قدیم اقدار و معتقدات کی شکست و ریخت کا تو امکان ہے، نئے اقدار و معتقدات کا بروئے کار آنا آسان نہیں۔

نئے اور پرانے میں اس وقت جو تصادم ہے اس کا المناک پہلو یہ ہے کہ ہم سائنس کی مدد سے روز بروز نوامیسِ فطرت پر جو قدرت حاصل کرتے جا رہے ہیں، اس سے اس بھول میں پڑ گئے ہیں کہ انسانی اذہان اور وجدان پر بھی قابو پا سکتے ہیں۔ لیکن واقعہ یہ ہے کہ سائنس کے زور سے دنیا کو لمحوں میں نیست و نابود کیا جا سکتا ہے مگر ایک فردِ واحد کے ضمیر کی آزادی کسی طرح ختم نہیں کی جا سکتی۔ اور یہی فطرتِ انسانی کی وہ ماورائی استعداد ہے جس پر آج تک نہ کوئی حاکم، نہ حکومت، نہ مذہب اور نہ کوئی اور قابو پا سکا ہے جس طرح سائنس نے محیرالعقول کرشمے آج دنیا کے سامنے پیش کیے ہیں، اخلاق و انسانیت نے بھی ویسے ہی کرشمے آج نہیں ہمیشہ پیش کیے ہیں چنانچہ فرط جنون میں حکمرانوں نے جب کبھی سائنس کا آخری حربۂ ہلاکت استعمال کرنا چاہا، اخلاق اور انسانیت کی قوتوں نے روک دیا۔ اس لیے میرے نزدیک اس کی بڑی ضرورت ہے کہ ایسے اعتقاد اور اقدار پر بھروسہ کیا جائے جن کی بنیاد منطقی اور محبت

پر ہو، اس کے بغیر انسانیت کو جائے پناہ میسّر نہیں آسکتی۔ خلاصہ یہ کہ میرا عہد اقدار و اعتقاد کی محکمی کا تھا، موجودہ عہد اقدار و اعتقاد کی نامحکمی کا ہے۔ نتیجہ ظاہر ہے۔

جدید اردو جس کو میں نے ایک موقع پر علی گڑھ سے تعبیر کیا ہے، علی گڑھ کا عطیہ ہے۔ اُردو جہاں سے جہاں بنی ہو یا نمودار ہوئی ہو، اس کے اسباب کچھ ہی رہے ہوں، اس کی تنظیم، استحکام، ہمہ جہتی ترقی اور اس کو مقبولِ عام اور مفید انام بنانے میں علی گڑھ کا بڑا نمایاں اور بیش بہا حصہ ہے۔ اس پر بحث کرنے کی ضرورت نہیں اس لیے کہ اس وقت ہم میں شاید ہی کوئی ایسا ہو جو اُردو اور علی گڑھ کے دیرینہ روایات و روابط سے واقف نہ ہو۔ جدید اردو میں ان تمام صالح، دل کش اور وقیع عناصر کی جلوہ گری ملتی ہے جن سے خود علی گڑھ عبارت ہے بالفاظِ دیگر جن معاشرتی علمی اور تہذیبی کسر و انکسار سے اُردو وجود میں آئی ان ہی قوتوں کی کارفرمائی علی گڑھ کی تشکیل میں ملتی ہے۔ اگر اُردو اور علی گڑھ کا یہ رشتہ تسلیم کیا جاسکتا ہے تو علی گڑھ کے لوگوں کے اس شغف کا بھی اندازہ لگایا جاسکتا ہے جو علی گڑھ اور اُردو دونوں سے ان کو رہا ہے۔ اُردو کی حفاظت، حمایت اور ترقی علی گڑھ کی بنیادی ذمّہ داریوں میں سے ایک ہے۔

کچھ دنوں سے یونیورسٹی کی زمین پر جا بجا بڑی عالی شان عمارتیں نمودار ہونے لگی ہیں۔ ان کی موجودگی سے یونیورسٹی کی شان و شوکت اور قدر و قیمت دونوں میں معتدبہ اضافہ ہوگا آزادی سے پہلے علی گڑھ میں ایسی مرتفع مستحکم اور بیش قیمت عمارات کا تصوّر بھی نہیں کیا جاسکتا تھا لیکن جس تاریخی وحدت اور تہذیبی منزلت کا احساس و افتخار سرسیّد کی بنائی ہوئی عمارتوں کو دیکھنے سے ہوتا ہے، وہ دوسری عمارتوں سے نہیں ہوتا۔ جدید عمارات میں انجینیری کے فن کے معجزے نظر آتے ہیں۔ ان کی افادیت بھی مسلّم ہے لیکن ان میں پرانی عمارتوں کی وہ شخصیت نہیں ملتی جو تاریخی اور تہذیبی روایات و اقدار کو زندہ اور تابندہ رکھتی ہے شاعری ہی کی طرح عمارت میں بھی ورائے فن "چیزے دگر" ہمت کی کارفرمائی ہوتی ہے۔

میں یونیورسٹی کا شمار اعلیٰ درجہ کے کلچرل اداروں میں کرتا ہوں، بالخصوص قومی یونیورسٹیوں کلاس لیے اس کی عمارتوں میں اس چیز کے دیکھنے کا مشتاق رہتا ہوں جس سے اس یونیورسٹی

کے کلچرل اقدار کا پتہ لگ سکے۔

. . . .

بغداد، دمشق، قرطبہ، غرناطہ، دلّی وغیرہ علم و فضل کے کیسے کیسے امصار و دیار انقلابات کی زد میں آئے تو شاعروں نے ان کے ماتم میں جاں گداز مرثیے لکھے۔ علی گڑھ سب کے بعد آیا ہے۔ ممکن ہے سب کے پیچھے بھی ہو لیکن مدینۃ العلم کی حیثیت سے اس کے پیش رَوؤں کی طرح اس کی حیثیت و عظمت کا بھی اعتراف کبھی نہ کبھی ہم کو کرنا پڑے گا۔ ملک میں یونیورسٹیوں کا اضافہ بڑی تیزی سے ہو رہا ہے اور تعجب نہیں کچھ دنوں میں چپے چپے پر یونیورسٹیاں قائم ہو جائیں لیکن ان میں اور علی گڑھ میں بہت سی اصطلاحی اور سرکاری مماثلت ہونے کے باوجود ایک بڑا اہم اور بنیادی فرق بھی ہے۔ علی گڑھ کے نقش کو ایک مردِ خدا نے تمام کیا ہے اس میں "رنگ ثبات و دوام ہے"
ممکن ہے آپ ان تصورات کو آرائشِ سخن سے زیادہ وقعت نہ دیں اس لیے عرض کروں گا کہ آپ خود کبھی مہدی منزل سے مسجد تک کی عمارتوں پر سرسری نظر بھی ڈالیں تو محسوس کریں گے کہ کس طرح اقبال کی نظم مسجد قرطبہ کے اشعار آپ کے ذہن اور عمارتوں کے خشت و سنگ اور زیر و بم میں مرتسم ہونے لگتے ہیں۔

۱۹۴۷ء کے رستا خیز میں جب کبھی ادھر سے گزرنا اور نظر ان عمارتوں کی خاموش صف سے گزرتی ہوئی مسجد کے گنبد و مینار پر ٹھہرتی تو دل میں مایوسی، غیرت و الم کے طرح طرح کے طوفان امنڈنے لگتے لیکن اس بشارت کے سامنے ساکت و سربسجود ہو جاتے ہیں:

مٹ نہیں سکتا کبھی مردِ مسلماں کہ ہے

اس کی اذانوں میں فاش سرِّ کلیم و خلیل

صاحبو! آخر میں میرے اعترافات کا خلاصہ سن لیجیے اور مجھے بخش دیجیے وہ یہ کہ جب تک آپ کے دل میں کسی بڑے عقیدہ، ارادہ، مقصد یا شخصیت کا احترام اور اس سے بے لوث شغف نہ ہوگا۔ نہ آپ اپنے لیے کسی مصرف کے

رہیں گے نہ کسی دوسرے کے لیے۔ ہر شخص اپنے محبوب سے پہچانا جاتا ہے جس پائے کا آپ کا محبوب ہوگا وہی درجہ آپ کو لوگوں کی نظر میں حاصل ہوگا۔ مجھے اپنی درس گاہ سے محبت ہے جس نے مجھ میں اعلیٰ کو ادنیٰ سے تمیز کرنے کی صلاحیت پیدا کی اور اعلیٰ کو پانے اور ادنیٰ سے بچنے کا حوصلہ دیا۔

حاجی صاحب

حاجی صاحب شعر کہتے ہیں اور بسکٹ بیچتے ہیں۔ شعر اور بسکٹ دونوں خستہ۔ مولوی مسعود علی صاحب ندوی المتخلص بہ دار المصنفین کا بیان ہے کہ حاجی صاحب جس خلوص کے ساتھ شعر کہتے ہیں، اس سے زیادہ مہنگے بسکٹ بیچتے ہیں۔ مولوی صاحب کے اس بیان نے دنیائے شاعری اور بسکٹ میں تہلکہ مچا دیا۔ موصوف اس قسم کے غیر محتاط فقرے اکثر سنجیدگی سے زبان پر لاتے ہیں۔ لیکن معلوم ہوتا ہے کہ بارہ بنکی کے کسانوں سے تنگ آکر حاجی صاحب پر ہاتھ صاف کیا تھا۔ اس کی تحقیقات کے لیے ایک کمیشن مقرر کیا گیا جس کی خصوصیات یہ رکھی گئیں کہ صرف ایک ممبر ہو جس نے تمام عمر شعر نہ کہے ہوں اور بسکٹ کھائے ہوں، مولانا سہیل (اقبال احمد خاں صاحب وکیل علیگ) کے یہاں مقیم ہو اور موکلوں سے نہ ڈرے۔

آخری شرط ایسی تھی کہ اس سے عہدہ برآ ہونے کی کسی کو جرأت نہ ہوتی تھی۔ حکومت نے سپر ڈال دی۔ کانگریس نے ذاکر صاحب کو منتخب کیا اور ذاکر صاحب نے مجھ کو چنانچہ میں اعظم گڑھ پہنچا۔ چھوٹی لائن نے ایک ایسے مقام پر پہنچا دیا جہاں صرف یکہ بان اور بندر تھے۔ یکہ بانوں سے الجھتا، بندروں سے بچتا، مولانا سہیل کے مکان پر پہنچا۔ عرصہ تک یہ طے نہ کر پایا کہ

ملازم کون ہے اور آقا کون۔ کتنے مقدمات لڑتے ہیں کتنے بسکٹ بیچتے ہیں۔ کتنے وکیل اور کتنے موکل اور کب اپنے مشاغل ایک دوسرے سے بدل لیتے ہیں!

مولانا سہیل سے ایک عرصہ کے بعد ملاقات ہوئی تھی۔ امتدادِ زمانہ سے حکومتِ ہند اور مولانا شوکت علی بھی بدل گئے تھے۔ لیکن مولانا سہیل میں قطعاً کوئی تبدیلی نہیں ہوئی تھی۔ ایک مشتِ استخوان اور اُردو شاعری میں تبدیلی بھی کیا ہوسکتی تھی۔ مولانا سہیل اور کچّی بارک سے آج سے سولہ برس قبل میں علی گڑھ میں سب سے پہلے دوچار ہوا تھا۔ اور انہی دونوں کا طفیل تھا کہ ذاکر صاحب سے ملاقات ہوئی۔ مولانا ہی کی ایما اصرار اور ہمت افزائی سے میں نے موجودہ رنگ میں مضمون لکھنا شروع کیا۔ یادش بخیر کچّی بارک میں اگلی منزل، اس رنگ میں میرا سب سے پہلا مضمون تھا۔ گلی منزل ختم ہوچکی ہے اب ہماری باری ہے۔

مولانا کھانا بہت اچھا کھلاتے ہیں اور شعر بہت اچھے کہتے ہیں اور سناتے ہیں۔ ان دونوں کی خوبی اس وقت دوبالا ہوتی ہے جب مولانا کا بالائے بام برآمدہ ہو۔ اور موکل موجود نہ ہوں۔ یہ ممکن ہے کہ مولانا موجود نہ ہوں، کھانا موجود نہ ہو، مکان نہ ہو، مکین نہ ہوں لیکن موکل کا موجود ہونا یا پیدا ہوجانا یا نمودار ہونا لازمی ہے۔ موت کا وقت معیّن ہے موکل کا نہیں۔ آپ کھانا کھا رہے ہوں، سو رہے ہوں، خلوت میں ہوں، بیمار ہوں، غسلخانہ میں ہوں، اس کا اطمینان نہیں ہوسکتا کہ موکل نظر نہیں آئے گا اور موکل بھی کیسا، ہر شکل کا، ہر عمر کا، مرنے والا، مارنے والا۔ ڈرنے والا، ڈرانے والا۔ ڈرنے ڈرانے والے کی صورت بنانے والا، نہتا، لٹھ بند، آذوقہ طلب، آذوقہ بردوش بیٹھا ہوا دیکھیے تو کلی کانگریس کا پنڈال، سوتا پائیے تو راج گھاٹ کا اسٹیشن، غور کیجیے تو مارسڈن ہسٹری کے اوراق میں نظر آنے والے ٹھگ!

شام کو مولانا نے کہا چلو کلب چلیں وہاں سے دارالمصنفین رشبلی منزل، عرض کیا حاجی صاحب کہاں ملیں گے؟ فرمایا کلب میں اشعار پڑھ رہے ہوں گے یا دارالمصنفین میں سکاٹ کا پرچہ ترکیب استعمال تقسیم کرتے ہوں گے۔ ایک عرصہ کے بعد دارالمصنفین کو دیکھنے کا موقع ملا تھا۔ ہر طرف نئی تعمیرات نظر آئیں۔ ایک ستھری اور خوب صورت مسجد تھی۔ کتب خانہ اور دارالمطالعہ کی عمارت نئی بنی تھی۔ بساط بدل گئی تھی مہرے پرانے تھے۔

شبلی منزل میں چند باتیں خاص طور پر نظر آئیں، مثلاً ہر جگہ صفائی، ہر بات میں سلیقہ، رفقا کا رہن سہن، آپس کا میل جول اور تصنیفی کاموں میں ان کا غیر معمولی انہاک. اس ادارے سے عرصہ سے واقف ہوں اس کی تاریخ کے بعض ایسے قابلِ تحسین و تقلید واقعات بھی معلوم ہیں جو اب تک نہ منظرِ عام پر آئے نہ لائے گئے ان واقعات اور روایات کا خفی یا جلی فیضان ہر طرف نظر آتا ہے۔

شبلی منزل میں حقّہ اور پان بہت مقبول ہے لیکن پان کی پیک اور حقّے کی راکھ اور کوئلہ کہیں نظر نہ آیا. یہ اس لیے کہنا پڑا کہ بعض ایسے مقامات بھی دیکھنے میں آئے جہاں حقّہ اور پان کا عمل دخل نہ تھا لیکن ان کے مقویات ہر جگہ بکھرے نظر آئے ۔

جس طرح دو فوق البشر ہمیشہ ملتے ہیں تو ایک دوسرے سے بدگمانی محسوس کرنے لگتے ہیں اسی طرح حاجی صاحب سے میری ملاقات ہوئی معلوم تھا کہ حاجی صاحب شاعر ہیں موصوف کو البتہ نہیں معلوم تھا کہ میں کون ہوں تعارف کے الفاظ ختم نہیں ہوئے تھے کہ حاجی صاحب نے فرمایا۔

" یہ مانا کہ آپ پروفیسر (پروفیسر) ہیں حلیکت (حقیقت) یہ ہے کہ علی گڑھ کے اسیر ہیں"

نورٌ علیٰ نور۔ اپنی اس قدر جامع و مانع تعریف سن کر سناٹے میں آگیا. ابھی تمامی تلفظ یہ ہندوستانی فضا، یہ سودیسی بشارت !

حلیکت (حقیقت) یہ ہے کہ آپ علی گڑھ کے اسیر ہیں۔

عرض کیا "حاجی صاحب آپ اولیا بھی ہیں شاعر بھی۔ آپ کے کمال کی داستانیں سنی تھیں. مختلف روایتیں تھیں لیکن آج شرفِ نیاز حاصل کرکے وہ بصیرت حاصل ہوئی کہ سچ اور سنگار کے مذاکراتِ علمیہ بھول گیا آپ کا شعر دارالمصنفین اور آپ خود یونیورسٹی ہیں"

مولوی مسعود صاحب نے فرمایا "شعر سن کر تو آپ کا یہ عالم ہوا بسکٹ کھا کر کیا ہوگا" عرض کیا " دیکھا جائے گا. آخر سوراج' پورن راج اور مکمل آزادی وغیرہ بھی تو ہے" آزادی کا لفظ سننا تھا کہ حاجی صاحب نے جھرجھری لی اور فرمایا۔

مسلم کا پھرج آجادی ہے مرے تو سہید جندہ رہے تو گاجی ہے

فرض آزادی شہید زندہ غازی

میں نے کہا "حاجی صاحب فرض اور آزادی کا آپ جیسا تلفّظ فرماتے ہیں، اسے اگر دارالمصنّفین تسلیم کرلے تو میں اس کی معنویت مہاسبھا سے منوالینے کا ذمہ دار ہوتا ہوں۔ 'شہید' اور 'غازی' کا مسئلہ تو آپ نے 'زندہ' کے تلفّظ سے حل کردیا ہے۔ اس قسم کے شہید اور غازی 'جندہ' رہتے ہیں۔ ڈاکٹر مونجے اگر آپ کا تلفّظ سن لیتے تو راؤنڈ ٹیبل میں شریک ہونے کے بجائے دارالمصنفین چلے آتے۔ سر اقبال نے بڑی ہمّت کی تو کہہ سکے:

نغمہ ہندی ہے تو کیا، لے تو حجازی ہے مری!

لیکن آپ نے تو نغمہ اور لے دونوں کو نجیب الطرفین سوراجی بنادیا۔ اس کی مبارک باد آپ کو دوں یا دارالمصنفین کو ارشاد ہوا۔

اب ہوا دارالمصنفین کا اروج! اپسوس سبلی نومانی نہ رہے!

عروج افسوس شبلی نعمانی

عرض کیا "حاجی صاحب دیکھیے ملنے سے کتنی غلط فہمیاں دور ہوجاتی ہیں۔ دشمنوں نے مشہور کر رکھا ہے کہ آپ میں اور دارالمصنفین میں چشمک ہے۔ لوگوں کو شکایت بھی یہی ہے کہ دارالمصنّفین میں اروج کو عروج کہتے ہیں اور نومانی کو نعمانی۔ دارالمصنفین سے یہ عصبیت دور ہوجائے تو ہندوستانی اکیڈیمی کو بھی شکایت کا موقع نہ رہے گا۔ اپسوس اور افسوس میں ظاہر ہے ف کا بدل پ ہے۔ مثلاً فارسی سے پارسی۔ فیل سے پیل۔ مجھے یقین ہے کہ مولانا سید سلیمان ندوی صاحب نہ سہی مولوی مسعود علی صاحب ضرور ان سوراجی تصرّفات پر آپ کے شکر گزار ہوں گے۔" حاجی صاحب نے بے اختیار فرمایا۔

کس شان سے ٹھہرا ہے سعود علی ہمارا
یہ رہنما ہمارا یہ دِل رُبا ہمارا!

عرض کیا، "حاجی صاحب شاعر اور غیر شاعر میں فرق بھی اتنا ہی ہے کہ شاعر کے دل میں جو کچھ آتا ہے کہہ ڈالتا ہے۔ ہم لوگ صرف سوچ کر رہ جاتے ہیں۔ اور کہنا چاہیں بھی تو اکثر نہیں کہہ سکتے کیونکہ یہ نہیں معلوم ہوتا کہ کہنا کیا چاہتے ہیں۔ آپ کی جو رائے مولوی مسعود علی صاحب کے بارے میں ہے ممکن ہے مولانا سیل کی بھی وہی ہو۔ لیکن ان کے پاس صرف الفاظ ہیں

آپ کے یہاں صرف اظہار۔ تو آج یہ معاملہ صاف ہو گیا کہ ہم آپ مولوی مسعود علی صاحب کے سامنے بے وقوف کیوں معلوم ہونے لگتے ہیں:"

ان باتوں سے حاجی صاحب پر رقّت بہ تسکل ترنم طاری ہو گئی۔ اور اشعار سنانے لگے۔

جی کہتا ہے یہاں کہیں یار مرا جبان رکتی نہیں دل ہے بیکرار مرا

زبان بے قرار

یہ سان و سوکت تیری یہ سہرا مبارک ہوا ہے گیاس

شان و شوکت غیاث

منگلوب دسمن اور گالب ہو اکتیار تیرا!

منلوب دشمن غالب اختیار

پہلے شعر میں مصرعۂ اول کی کمی دوسرے مصرعہ کی سادگیِ اعتراف نے پوری کر دی اور دونوں اشعار کا ستمراؤ حاجی صاحب کی موسیقی نے کر دیا تب سب نے یک زبان ہو کر کہا یہ سوز و گداز تو آپ کے تنور اور بسکٹوں میں بھی تسکل سے ملے گا۔ آپ مرثیہ کہنے لگیں تو زندہ دل کا تو ذکر کیا مردے پر بھی کیا کچھ نہ گزر جائے گی۔ حاجی صاحب گویا اسی کے منتظر تھے فرمایا سہیل صاحب نے مولانا محمد علی مرحوم کا مرثیہ لکھا تھا۔ محمد علی "جندہ" ہوتے تو عمر بھر سمجھ نہ پاتے۔ میں نے بھی لکھا ہے سنیے (تحت اللفظ)

کرم مولا کا ہوا دریائے رحمت جوس میں

جوش

چل دے جھگڑے سے چھوٹے جنت الپھردوس میں

جنت الفردوس

مکدس جبین کہتی ہے تو آمرے آگوس میں!

مقدس زمین آغوش

جاں نثاری کرتے تھے جب تک تھے اپنے ہوس میں

ہوش

ایک صاحب بھرے بیٹھے تھے کہنے لگے حاجی صاحب بعض قافیے بڑے گریز پا ہیں، موصوف نے فی البدیہہ فرمایا۔

یہ احساس ہر مسلم میں ہے لیکن نہیں کھرگوس میں
خرگوش

انھیں کہاں پائے گا ڈھونڈیے پاپوس میں
پاپوش

حریف کھاموس ہوگیا لیکن اظہار تخلص پر حاضرین سے وہ داروگیر بلند ہوئی کہ تھوڑی دیر کے لیے حاجی صاحب بھی سراسیمہ ہو گئے۔ ایک صاحب نے مولوی مسعود علی صاحب سے دریافت فرمایا "مولوی صاحب کھرگوس حرام ہے یا حلال ہے" مولوی صاحب نے فرمایا "جب خرگوش حلال ہے تو کھرگوس کو تو کچا کھا لینے میں کوئی قباحت نہیں"

حاجی صاحب کو مچھلی کے شکار کا بھی شوق ہے تالاب پر شکار کھیلنے کے لیے گئے لوگوں نے فرمائش کی، حاجی صاحب اس موقع پر کچھ ارشاد ہو۔ فرمایا۔

ٹہلتی ہوئی مچھلیاں آئیں   ننبیں سست کانٹے میں
پھنسیں

لگیں اجل کی ٹھکیاں   آئیں اک طمانچے میں

ایک ٹھاکر صاحب بھی اسی شغل میں مبتلا تھے۔ حاجی صاحب سے چشمک تھی ہسکار نہ ملنے کی خفت، کچھ حاجی صاحب کو چھیڑنے کا تاؤ۔ فرمایا، حاجی صاحب کانٹے میں بسکٹ لگا دت ہو کا؟

حاجی صاحب نے فرمایا۔

دعویٰ یہ تھا ماریں گے رو ہو پھسا کر
کھسیا کے رہ گئے پھنسے بھی نا ٹنگنا ٹھا کر

قریب تھا کہ ہندو مسلم اتحاد ہوجاتا، لوگوں نے بیچ بچاؤ کر دیا۔ حاجی صاحب فطرتاً صلح پسند واقع ہوئے ہیں۔ اس لیے اس موقع پر صرف اظہار تغزل فرما کر خاموش ہو گئے۔ ارشاد ہوا۔

وہ دل جل جائے جس میں چاہ نہیں
وہ چھاتی ہے ناکارہ جس میں آہ نہیں

حاجی صاحب کے بسکٹ اور اشعار ان کے حلیہ کے ترجمان ہیں۔ اس پر صرف ایک داڑھی کا اضافہ کرنا پڑے گا۔ جس کے بارے میں اتنا کہہ دینا کافی ہے کہ ٹھوڑی نہ ہوتی تو داڑھی بھی نہ ہوتی۔ حاجی صاحب کی شاعری "دندان تو جملہ در دہانند" کے مطابق ہے یعنی ان کے دندان کے مطابق۔

حاجی صاحب کی شکل اور رنگ دونوں عاشقانہ ہیں آواز اور چال دونوں میں لوچ ہے گفتگو کرنے میں لیڈری اور تصوف کا رنگ نمایاں رہتا ہے۔ ایک دفعہ احباب کے اصرار پر حاجی صاحب فٹ بال کھیلنے پر آمادہ ہو گئے کھیل میں حاجی صاحب اپنے بسکٹوں کی ڈلیا بھول گئے اور ان کے حریف فٹ بال کھیلنا۔ چنانچہ ڈلیا کو تماشائیوں نے اور خود حاجی صاحب کو کھلاڑیوں نے فٹ بال بنا دیا۔ مولوی مسعود صاحب ریفری تھے کھیل ختم ہونے کے بعد فیصلہ یہ دیا کہ تمام لوگ حاجی صاحب سے معافی مانگیں اور حاجی صاحب سب کو چائے اور بسکٹ پر مدعو کریں۔

مولانا سہیل کا بیان ہے کہ حاجی صاحب اعظم گڑھ کے صاحب خدمت ہیں ہند اور حجاز دونوں میں ان کے کرامات کی دھوم ہے۔ بیان کیا جاتا ہے کہ ایک دفعہ بدوؤں نے ان کو کنوئیں میں پھینک دیا چالیس دن اور اتنی ہی راتوں کے بعد وہی بدو پھر آئے اور حاجی صاحب کو کنوئیں سے نکالا حاجی صاحب ویسے ہی تر و تازہ نمودار ہوئے جیسے تنور سے خستہ بسکٹ! بیان یہ کیا جاتا ہے بدوؤں کی مونشیوں اور بیویوں نے مفارقت شروع کر دی آخر بدوؤں کو دوسری غلطی کا مرتکب ہونا پڑا اور حاجی صاحب کو کنوئیں میں سے نکال لیا۔

دوسرا واقعہ یہ ہے کہ حاجی صاحب ایک گلی سے گزر رہے تھے سامنے سے ایک بدو کا بہکا ہوا غصیلا بھینسا چلا آ رہا تھا۔ حاجی صاحب کو دیکھ کر پھنکارتا ہوا لپکا۔ موصوف پر مطلق اثر طاری نہیں ہوا قریب تھا کہ بھینسے کے سینگ اور حاجی صاحب کے دانت کا تصادم ہو حاجی صاحب نے اپنی ایک انگلی بھینسے کے مستک پر رکھ دی۔ بھینسا بھیڑ بن گیا مولوی صاحب کا بیان ہے کہ یہ واقعہ صرف بھیڑ کی حد تک صحیح ہے اور حجاز والے معاملے کی حقیقت کا صرف تنور اور

اور خستہ بسکٹ تک پتہ چلتا ہے۔

لیکن مولانا سہیل اور مولانا مسعود علی کے بیانات کو تسلیم کرنے سے پہلے اس امر کو ملحوظ رکھنا پڑے گا کہ حاجی صاحب شاعر بھی ہیں اس لیے اول الذکر دونوں بزرگوں کا موصوف کی شاعری یا بسکٹ کو داغدار کرنے کی کوشش کرنا تعجب کی بات نہیں۔ مولانا سہیل فرماتے ہیں کہ حاجی صاحب صاحبِ کشف و کرامات ہیں لیکن جب حاجی صاحب کے شاعر ہونے کا مسئلہ پیش کیا جاتا ہے تو جواب سے کتراتے ہیں۔ مگر شاید مولانا کو یہ نہیں معلوم کہ ایک شاعر صاحبِ کشف و کرامات بھی ہوتا ہے اور نہیں ہوتا تو صرف ایک وکیل رہ جاتا ہے۔

رہی دار المصنفین اور حاجی صاحب کی چشمک تو اس کو بھی انصاف کی نظر سے دیکھا جائے تو کوئی تعجب کی بات نہیں معلوم ہوتی۔ اگر الہ آباد کے امرود اور اکبر مشہور ہیں تو اعظم گڑھ کا دار المصنفین اور حاجی صاحب کے بسکٹ کیوں نہ مشہور ہوں۔ حاجی صاحب کا ہر شعر دار المصنفین پر بھاری ہے دوسری طرف دار المصنفین کو دیکھیے کتنے دنوں سے قائم ہے لیکن نہ کوئی حاجی صاحب پیدا کر سکا نہ ان کا بسکٹ!

ایک صاحب نے بیان کیا کہ شبلی منزل کے بعض درنتار کی خواہش اور کوشش یہ تھی کہ شبلی منزل ان کو واپس کر دی جائے۔ مولوی صاحب کو تحقیقات کے بعد پتہ چلا کہ اس کے محرک حاجی صاحب ہیں اور اس اسکیم کو کامیاب بنانے کے لیے بے دریغ بسکٹ خرچ کر رہے ہیں۔ ان کی اسکیم یہ تھی کہ شبلی منزل میں ایک بسکٹ ٹرسٹ قائم کر دیا جائے۔ حاجی صاحب ایک سیدھے سادے مسلمان ہیں مسعود علی صاحب نے ان سے سمجھوتہ کر لیا کہ تنور میں بنوائے دیتا ہوں بسکٹ کا انتظام آپ کر لیجیے۔ چنانچہ بڑے بڑے تنور یا بھٹے لگا دیے گئے۔ حاجی صاحب کا خلوص دیکھیے انھوں نے نان پاؤ کی طرح ڈالی اور مسعود علی صاحب کی کرامت ملاحظہ ہو اس میں سے اینٹیں برآمد ہو رہی ہیں ایک مسجد اور متعدد مکانات تعمیر ہو گئے ہیں۔ مسجد میں حاجی صاحب حق اللہ ادا کرتے ہیں اور مکانات میں ارکان دار المصنفین حق العباد۔

حاجی صاحب سے لوگوں نے معافی مانگ لی اس کے بعد موصوف سے پارٹی کا مطالبہ کیا حاجی صاحب نے فرمایا کہ میں پارٹی صرف رشید صاحب کو دوں گا اور اس میں صرف

وہی لوگ مدعو کیے جائیں گے جن کو رشید صاحب بلائیں۔ حاجی صاحب کی اس شرط کو اس ترمیم یا اضافہ کے ساتھ منظور کر لیا گیا کہ مولوی مسعود علی صاحب اس کے مہتمم ہوں گے اور شبلی منزل جائے وقوع۔ چنانچہ ایک روز شام کو بارش اور پارٹی شروع ہوئی۔ حاجی صاحب گھر سے چیزیں لا کر رکھ جاتے۔ اور دوسری قسط لانے کے لیے واپس جاتے تو حاضرین بصدارت مولوی صاحب' حاجی صاحب کے لائے ہوئے اشعار کو مشاعرے کے لیے منتخب یا موزوں کرنا شروع کر دیتے۔ بعض سرے سے حذف کر دیے گئے بعض کے مصرعے یا الفاظ اِدھر اُدھر کر دیے۔ بعض کو قطعہ بند کر دیا گیا۔ چند ایسے بھی تھے جن کو نثر کا جامہ پہنایا گیا حاجی صاحب اختلاف پر آمادہ ہوتے تو ان کو بتا دیا جاتا کہ اشعار سب موجود ہیں صرف ان کے محل وموقع بدل دیے گئے ہیں!

حاجی صاحب سے مزید فرمائش کر دی جاتی؛ بیچارے پھر تلاشِ مقصود میں روانہ ہو جاتے! اسی دوران میں مولوی صاحب نے مجھے بلا کر فرمایا حضرت آپ نے آنے کے ساتھ ہی بسکٹوں کی فرمائش کر دی تھی۔ حاجی صاحب نے خریدنے لگتے تو واپسی کے ٹکٹ کے دام بھی نہ بچتے۔ حاجی صاحب نے گیہوں کی ارزانی کو بسکٹوں کی گرانی سے متوازن کرنا چاہا ہے۔ جس قیمت پر یہ بسکٹ بکتے ہیں اس قیمت پر عبدالسلام صاحب اپنے مستقبل سے بے نیاز ہو سکتے ہیں۔ دیکھیے گھاگ نے تازے اور باسی بسکٹ ایک کر دیے ہیں۔ پیٹری اور حلوے دست دگر بیاں ہیں جیسے شب برات کی خیرات مانگ لائے ہوں۔ آم بھی ملے جلے ہیں۔ انڈے اُبلے ہوئے ہیں ان سب کو میں علیحدہ ٹوکری میں بند ہوائے دیتا ہوں۔ علی گڑھ لیتے جائیے گا قبل اس کے کہ میں کچھ کہوں مولوی صاحب نے ایک بڑی ٹوکری ان نعمتوں سے بھر بھرا کر علیحدہ کر دی حاجی صاحب لدے پھندے آ گئے۔ بارش ختم گئی اور پارٹی شروع ہو گئی۔ حاجی صاحب شعر خوانی کرنے لگے۔ دوسروں نے وہ کرنا شروع کیا جس کے حاجی صاحب سزاوار یا حاجی صاحب کا سامان مستحق تھا۔

مولانا سہیل کا مکان نہایت اچھی قطع کا ہے بالخصوص چھت کا برآمدہ۔ برسات میں بیٹھیے تو شعر اور شباب یاد آنے لگتا ہے۔ طے ہوا تھا کہ میں رہوں یہاں اور تمام دوسرے اشغال شبلی منزل میں سرانجام پائیں۔ دو گھر کا مہمان اکثر فاقے کرتا ہے لیکن اعظم گڑھ میں تخمہ کا بھی اندیشہ رہتا ہے شام کو مولوی مسعود علی صاحب تشریف لایا کرتے تھے مولوی صاحب کا حکم تھا کہ جب تک وہ

موجود رہیں کوئی موکّل نظر نہ آئے۔ ورنہ وکیل اور موکّل دونوں کی خیر نہیں۔اس میں شک نہیں کہ مولوی صاحب کے حکم کی تعمیل نہایت تندہی سے کی جاتی ہے لیکن اس معاملے میں مولوی صاحب کی طبیعت کچھ اس درجہ تنگی واقع ہوئی ہے کہ وہ کبھی کبھی ساکنانِ خانہ کو بھی موکّل سمجھ لیتے ہیں اور اپنی ایسی کر گزرتے ہیں یا کر گذرنے پر آمادہ ہوتے ہیں۔

اس میں مولوی صاحب کا قصور بھی نہیں ہے۔عام طور پر سب کا قیام دوسری منزل پر رہتا ہے لیکن اوپر آنے کے لیے چھت کو جابجا کھول دیا گیا ہے جس سے بیک وقت صرف ایک شخص جس کا جثّہ نارمل سے کم ہو برآمد ہو سکتا ہے۔چھت پر بیٹھ کر دیکھیے تو آدمی اس طرح نمودار ہوتا نظر آتا ہے جیسے الف لیلیٰ کا جن صندوق سے۔اس کے علاوہ جابجا چھت میں سوراخ بھی رکھ دیے گئے ہیں جو برسات سے زیادہ باشندوں کے کام میں آتے ہیں۔

موکّلوں کے نمودار ہونے کا چونکہ کوئی وقت مقرّر نہیں ہے اور سونے کا معیّن سب ہے اس لیے ارادہ کر لیا تھا کہ اس آسیب سے محفوظ رکھنا میزبان کا اختیار نہیں تو اس سے محفوظ رہنے کا حق مہمان کو حاصل ہے۔چنانچہ ایک دن لوگ سو گئے تو میں نے سارے سوراخ اور رخنے بند کر دیے۔ایک پر چارپائی بچھا کر سو رہا۔

۱۲ بجے رات کا عمل ہوگا۔ایسا معلوم ہوا کہ متعدد چھوٹے بڑے فٹ بال چارپائی کی سطحِ زیریں سے چارپائی سمیت ابھرنے کی ناکام کوشش کر رہے ہیں۔کبھی کبھی چارپائی کا ایک آدھ پایہ بھی اٹھ جاتا کبھی یہ معلوم ہوتا جیسے متعدد اشخاص محنتِ شاقّہ میں مبتلا ہیں اور تھک کر ہانپنے لگتے ہیں اور آپس میں سرگوشیاں شروع کر دیتے ہیں۔

کچھ دیر تک سوچتا رہا کہ ماجرا کیا ہے۔کھانا زیادہ کھا لیا ہے یا سوراخ مل گیا ہے۔جب یہ یقین ہوا کہ اس میں سے کوئی حادثہ پیش نہیں آیا ہے تو لیٹے ہی لیٹے اور ڈرتے ڈرتے دریافت کیا۔ یہ کیا ہو رہا ہے۔ یہ پوچھنا تھا کہ سارے فٹ بال غائب ہو گئے۔تھوڑی دیر میں کوئی چیز پہلو میں محسوس ہوئی احتراماً دوسری طرف ہو گیا۔وہاں بھی یہی پیش آیا۔اس رخ کو بدلا تو گردن کے پاس وہی واقعہ پیش آنے کے قریب ہوا۔خالی دیا تو سناٹا نے محسوس کیا۔غرض بستر پر مسلسل کھسکتا لڑھکتا رہا۔پوچھا اور رات کے کافی دلیری سے کہا۔ یہ کیا شرارت ہے۔ تھوڑی

دیر کے لیے سکوت ہو گیا۔ اب گھٹنے اونچے نیچے ہونے لگے۔ ان کو ہٹا لیا۔ اتنے میں انیڈی کے نیچے ایک گرانڈیل فٹ بال ابھرتا معلوم ہوا۔ چنانچہ جی کڑا کر کے ایک ایسی بھرپور انیڈی رسید کی کہ چارپائی کا جتنا آسیبی حصہ ابھرا تھا اتنا ہی پچک گیا۔

ایک آواز: "معاف کیجیے اگر آپ کے آرام میں مخل نہ ہوتا ہوں تو کچھ پوچھنا چاہتا ہوں"۔ میں: "جی ہاں، آپ میرے آرام کے درپے ہیں اور میں آپ کی جان کے"۔ آواز: "معاف کیجیے یہ نہیں معلوم تھا کہ آپ نے اوقات تقسیم کر رکھے ہیں۔ ہم جس عالم سے تعلق رکھتے ہیں وہاں اس قسم کا کوئی پروگرام نہیں ہے"۔ میں: "آپ کا خیال صحیح ہے جہاں سے آپ تشریف لا رہے ہیں ممکن ہے وہاں ایسا ہی ہوتا ہو لیکن اس دنیا میں بعض لوگ اس طرح کی غلطی کے مرتکب ہوتے ہیں"۔ آواز: "لیکن مجھ کو کیا معلوم کہ آپ بغیر سوچے سمجھے ایسی جگہ فروکش ہوئے ہیں اس لیے آپ کو میرے مخلِ عافیت ہونے پر شکایت کرنے میں تامل کرنا چاہیے"۔ میں: "بجا فرمایا، آپ نے بھی اسی قسم کی غلطی کی اس لیے آپ پر جو کچھ گزر گئی اس کا آپ کو بھی شاکی نہیں ہونا چاہیے"۔ آواز: "انچہ گزشت، گزشت اب اجازت دیجیے کہ ہم اوپر آ جائیں ممکن ہے دوبدو ہو کر ایک دوسرے کو بہتر سلوک کا مستحق پائیں"۔ میں: "لیکن یہ تو بتائیے آپ کا کیا نام ہے اور آپ کے ساتھی کتنے اور کس قسم کے ہیں"۔ آواز: "جناب میرا نام بقیقائیل ہے میرے دوسرے ساتھیوں کا نام بھی اسی طرح کا ہے"۔

"لاحول ولا قوۃ"۔ آواز: "قطع کلام ہوتا ہے یہ الفاظ جو آپ بے اختیار استعمال کر گئے ہیں۔ معیارِ تہذیب سے گرے ہوئے ہیں"۔ میں: "چھیڑ آپ کی طرف سے ہوئی"۔ آواز: "اب اجازت دیجیے تو حاضر ہو جائیں"۔

میں: "لیکن آپ کے ساتھ وہ بزرگ تو نہیں ہیں جو ہم کو کراماً کاتبین اور منکر نکیر دونوں سے شرمندہ رکھتے ہیں"۔ آواز: "ہرگز نہیں ان سے معاہدہ ہوا ہے کہ جہاں ہم جائیں وہاں وہ تکلیف نہ کریں گے"۔ کچھ دیر تک تو اطمینان کے بڑے بڑے سانس لیتا رہا۔ بیوی بچوں کا بھی دل سے خیال جاتا رہا۔ اس کے بعد گلا صاف کر کے بولا۔ میں: "آپ کو اوپر بلانے میں پس و پیش نہیں ہے لیکن یہ اور بتا دیجیے آپ کے ساتھ بیوی بچے تو نہیں ہیں"۔

آواز۔"ہمارے صرف بیویاں ہوتی ہیں بچے نہیں۔ میں:"جزاک اللہ۔ عرض یہ ہے کہ آپ کی تشریف آوری بھی کسی سبب سے ہوگی آپ کے گھریلو معاملات میں دخل انداز نہیں ہونا چاہتا لیکن ہمدردی کی بنا پر کچھ گفتگو کرنا چاہتا ہوں۔"

آواز:"شکریہ! بات دراصل یہ ہے کہ بعض خانگی معاملات ایسے پیچیدہ ہو گئے ہیں کہ اب ان کو پبلک میں لانا ضروری ہوگیا ہے۔"

میں:" لیکن ایسے معاملات کو یوں شہرت دینا کب روا ہے۔"

آواز:"جی نہیں اس قسم کی باتیں اگر افراد تک محدود رہیں تو بد تہذیبی ہے لیکن سوسائٹی اور عدالت میں پہنچ جائیں تو شہرت اور تہذیب کے حدود میں داخل ہو کر مستحسن بن جاتی ہیں۔"

میں:"تو کیا آپ کے حلقے میں ہم ایسوں کا بھی گزر ہو سکتا ہے؟"

آواز:"کیوں نہیں لیکن بعض مسائل ایسے ہیں جن کی عملی تعبیر میں آپ کو ذرا وسیع الخیال اور لطیف الحس ہونا بھی پڑے گا۔"

میں:" وہ کیا۔ آواز۔" خدا اور بیوی"۔ میں:" یعنی۔ آواز:" آپ خدا اور بیوی سے متعلق جن معتقدات کے پیرو ہیں وہ باعتبار مفہوم مشتبہ اور باعتبار تعبیر اور تطبیق غلط ہیں ہم بیوی کو اور آپ خدا کو خطا سے بے نیاز سمجھتے ہیں۔ ہم لوگوں کے نزدیک بیوی ایک عمومی صداقت ہے اور آپ کے یہاں خدا ایک طور پر انفرادی یا شخصی صداقت ہے۔ مذہب اور عقل کے پیروؤں میں یہی چیز مابہ الامتیاز ہے۔ مذہب شخصی اور سائنس یا عقل عمومی صداقت ہے۔ آپ عمومی صداقت کے منکر اور ہم شخصی صداقت سے بے زار۔"

میں:" سوال یہ ہے کہ صداقتوں کے یہ حرف تفصیل آپ کے انکشافات ہیں یا آپ کی بیوی کے"۔ آواز:" آپ خالص علمی مباحث میں بھی عصبیت اور نفسانیت سے احتراز نہیں کرتے۔ یہ طریقہ آئین تہذیب کے خلاف ہے۔"

میں:" اور کیوں صاحب آپ نے جس طور پر یہاں نزول اجلال فرمانے کا ارادہ کیا تھا۔ وہ کہاں تک تہذیب کے قرین تھا۔ آپ نے مہذب یا غیر مہذب ہونے کی سعادت

اس طور پر کیوں تقسیم کر رکھی تھی کہ آپ کی عورتیں ہمیشہ مہذّب اور ہمارا خدا غیر مہذّب، کیا یہ ممکن نہیں کہ ہمارا خدا بھی کبھی کبھی مہذّب ہو جایا کرے اور آپ کی بیویاں غیر مہذّب!" آخری فقرہ ابھی پورا نہیں ہوا تھا کہ شور اٹھا "مار ڈالو جلا دو غیر مہذّب، تہذیب کا منعرب کا خواتین کا منکر۔"

چارپائی بھونچال بن گئی، چیخ اٹھا۔ "السلام علیکم" آنکھ کھلی تو دیکھا مولوی صاحب کھڑے ہیں اور چپے چپے پر ...... موکّل!

مولانا سہیل

مولانا سہیل (اقبال احمد خاں، ایم۔ اے۔ ایل ایل۔ بی۔ علیگ) سے میری ملاقات ۱۹۱۵ء میں ہوئی۔ اس زمانے میں مولانا شاعری کرتے تھے، یونین کے الیکشن لڑاتے تھے اور معجون کھاتے تھے۔ اب مقدمے لڑاتے ہیں اور بچّے پیدا کرتے ہیں۔ جس کی ابتدا ایسی ہو، اس کا انجام یہ کیوں نہ ہو! ہم دونوں گل منزل (یادش بخیر کچّی بارک) میں رہتے تھے۔ گرمیوں کا زمانہ تھا، لو چلتی تھی خاک اُڑتی تھی۔ معلوم نہیں آپ نے گل منزل دیکھی بھی ہے یا نہیں۔ یہ بھی نہیں مولانا سے واقف ہیں یا نہیں۔ ان میں اگر آپ کو کسی ایک سے بھی نیاز حاصل ہے تو سمجھ لیجیے دوسرے کو بھی دیکھ لیا۔ مولانا ساکنِ گل منزل، گل منزل متحرکِ مولانا!

جس دن ملاقات ہوئی مولانا الیکشن میں مبتلا تھے۔ کچّی اور پکّی بارکوں میں یوں بھی چشمک رہا کرتی تھی۔ جب سے مولانا کچّی بارک میں آ گئے تھے اس میں اضافہ ہو گیا تھا ہر طرف الیکشن کا چرچا تھا۔ مسجد، ڈائننگ ہال۔ یونین، کلاس روم ہر جگہ ہر وقت ہر شخص اس آشوب میں اسیر تھا۔ ایک فریق کے ایجنٹ میرے کمرے میں بھی آ گئے، مولانا کو خبر ہوئی قاآنی کا ایک شعر گنگناتے ہوئے کمرے میں داخل ہوئے۔ پانوں کی ڈبیا ہاتھ میں، پیک منہ میں

اوراس کے دیکھتے شیروانی پر کمرے میں بیٹھنے کا سامان کہاں۔ بخس پر فریقِ مخالف کے ایجنٹ بیٹھے اپنے امیدوار سے زیادہ میری قابلیت کا خطبہ پڑھ رہے تھے۔ کچّی بارک کے غسلخانے معلوم نہیں آپ نے دیکھے ہیں یا نہیں۔ نہانے سے پہلے ان غسلخانوں کی ستر پوشی لازمی تھی۔ ایسی ستر پوشی جس کے ہوتے ہوئے بھی بقول "حکیم حاذق" "بے غسلا - ستر شوئی بقدرِ اشک شوئی" ہی کرسکتا تھا۔ میرے غسلخانے کی آبادی صرف ایک گھڑے پر مشتمل تھی۔ دوسرے کی جگہ خالی تھی۔ اس پر مولانا بلا تکلّف اس طور پر بیٹھ گئے گویا آج تک اسی قسم کی نشست پر بیٹھنے کے عادی تھے۔ مجھ پر اس کا اچھّا اثر پڑا۔ یہ البتّہ نہیں معلوم کہ اس گھڑے پر اس کا کیا اثر پڑا جس کے رفیق کی جگہ مولانا نے غصب کرلی تھی۔

مولانا اور فریقِ مخالف کے ایجنٹ میں بحث ہونے لگی۔ حریف نے آخر اس اعتراف پر گفتگو ختم کرنی چاہی کہ دونوں امیدوار احمق تھے۔ مولانا نے برجستہ فرمایا "تو جناب میرا احمق ووٹ کیوں نہ پائے۔" یہاں احمق کے بجائے دونوں نے ایک اور لفظ استعمال کیا تھا جو احمق سے زیادہ جامع تھا۔ لیکن اس کا اعادہ اس لیے نہیں کیا جاسکتا کہ اس قسم کے لوگ خاکسار کی عافیت میں خلل انداز ہوں گے۔ اردو میں بہت سے ایسے الفاظ، فقرے اور کہاوتیں ہیں جو اپنی جامعیت کے اعتبار سے پوری داستان پر بھاری ہوتے ہیں۔ گفتگو میں وہ بے تکلّف استعمال بھی ہوتے ہیں لیکن چونکہ استادوں کا کلام ان سے خالی ہے اس لیے ان کا اظہار و اعلان نہیں کیا جاسکتا۔

مولانا کا "محاربہ الیکشن" ایک نظام کے ماتحت ہوتا۔ امیدوار کا انتخاب اکثر ذوق و نظر کے ماتحت کرتے۔ اس کے بعد پروپگنڈا شروع ہوتا۔ مشاعرہ ہوتا تو غزل تیار کردیتے۔ تقریر ہوتی تو وہ لکھ دیتے۔ روپے پیسے کی ضرورت ہوتی تو اس سے بھی دریغ نہ کرتے۔ کسی مضمون میں نیازمندی ہوتی تو درس دیتے۔ وہ کوئی حماقت کر بیٹھتا تو ثابت کردیتے کہ اس سے بڑھ کر لیاقت اور ذہانت اگر کسی میں تھی تو خود ان میں۔ نتیجہ یہ ہوتا کہ لوگ مولانا کے قائل اور ان کے پٹھو کے دشمن بن جاتے۔ اس سلسلے میں مولانا کو اکثر خودستائی پر مجبور ہونا پڑتا۔ ایک دفعہ کسی دل جلے نے کہہ دیا۔ "مولانا آپ اپنا پروپگنڈا کرتے ہیں کتنی شرم کی بات ہے۔"

مولانا نے برجستہ فرمایا پیغمبر نبوت ہونے کا دعوے نہ کرے تو آپ لوگ نبی کے کب قائل ہوں۔"

کالج میں فارغ التحصیل عیال دار کی حیثیت سے داخل ہوئے تھے۔ الیف اے پاس کر کے آئے تھے۔ ایم اے ال ال بی۔ ہو کر نکلے۔ چار برس کالج میں رہے۔ بورڈر تھے لیکن تمام زمانہ دوسروں کے کمروں پر گزارا۔ دن کا کیا ذکر رات ہوئی جس کمرے میں ہوتے وہیں رات گزار دیتے۔ کمرے والے کو شعر سناتے رہتے یا اس کو اقتصادیات، فلسفہ، تاریخ، الہیات، فارسی، عربی یا شعر و شاعری پر لکچر دیتے ورنہ پھر آم، پان، زمینداری، مذہب، عورتوں کی اقسام، مردوں کے امراض، مسلمانوں کے انجام پر خطبہ دیتے تھے۔ زائد چارپائی کا انتظام ہوا تو خیر ورنہ کسی کے ساتھ اسی کی چارپائی پر شکن بستر ہو جاتے جس بہت کو اٹھاتے معلوم ہوتا۔

عمر گزری ہے اسی دشت کی سیاحی میں!

انگریزی میں نیاز مند تھے ریاضی سے دلچسپی تھی سائنس سے قطعاً ناآشنا۔ ان کے علاوہ کالج میں درسیات کے سلسلے میں جتنے مضامین تھے ہر ایک پر عبور تھا۔ جدید ترین نظریات سے آشنا تھے۔ ذہانت اور حافظہ کا حال یہ تھا کہ جس چیز کو عمر میں کبھی کبھار دیکھا یا پڑھا تھا اس کی ادنیٰ جزئیات پر بھی اتنی قدرت تھی کہ اس پر نہایت اعتماد کے ساتھ درس دے سکتے تھے مرشد (ڈاکٹر ذاکر حسین خاں) کے قائل تھے۔ اکثر فرماتے "ذاکر کی ذہانت اور فطانت تک پہنچنا آسان نہیں ہے، کیا کروں خرابیِ صحت نے برباد کر دیا ورنہ اس عمر میں بھی ایسا ہی تھا!"

بی اے میں ذاکر صاحب کے مضامین انگریزی کے علاوہ فلسفہ اور اقتصادیات تھے۔ الیف اے میں سائنس، انٹرنیس میں ریاضی کا نصاب اعلیٰ۔ مرشد کو پڑھنے لکھنے سے کیا سروکار۔ بی اے میں حاضری کم تھی ٹول صاحب نے بلا کر دھمکایا تو کتاب لے کر بیٹھے۔ کچھ دیر تک قرۃ العین کے اشعار اس انداز سے پڑھتے رہتے جس سے بآسانی اندازہ کیا جا سکتا تھا کہ ایک پٹھان کے ہاتھوں قرۃ العین اور اس کے اشعار کا کیا حشر ہو سکتا تھا۔

اس کے بعد اپنے اور قرۃ العین کے انجام پر غور کرنے کے لیے لیٹ جاتے۔ مولانا

تشریف لاتے ذاکر صاحب فرماتے "مولانا اب جان کی خیر نہیں پڑھنا شروع کیا ہے لیکن قدم قدم پر کتاب کے مصنف سے اختلاف آرا ہوتا ہے یہ بھی طے نہیں کر سکتا کہ کون حق بجانب ہے" مولانا جواب دیتے کہ کوئی مضائقہ نہیں لاؤ کتاب لاؤ۔ کتاب لائی گئی۔ مولانا فرماتے ذرا اصل عبارت کا ترجمہ سناؤ وہ بھی سنا دیا گیا۔ لاحول ولا قوۃ کہہ کر مولانا کرسی پر اکڑوں بیٹھ جاتے تبصرہ شروع ہوتا ثبوت میں مثالیں اپنی زمینداری یا علامہ شبلی مرحوم کی تصانیف سے دیتے۔ ذاکر صاحب کچھ دیر سنتے پھر کہتے بس بس سمجھ گیا۔ مولانا فرماتے دیکھو جلدی نہ کرو ابھی تو محض ابتدائی باتیں بیان کی ہیں مصنف بڑا فریبی ہے اب اس کا فریب کھولتا ہوں۔ غرض نوبت یہاں تک پہنچتی کہ ذاکر صاحب مع قرۃ العین کے ساتھ بھاگ کھڑے ہوتے اور مولانا کسی حالت میں ہوتے ان کے پیچھے ہو لیتے۔ اب ذاکر صاحب آگے چلے جا رہے ہیں مولانا تعاقب میں ہوتے دونوں کے درمیان جتنا فاصلہ بڑھتا جاتا مولانا اپنی آواز بلند کرتے جاتے، یہاں تک کہ ذاکر صاحب آنکھ سے اوجھل ہو جاتے اور یہ پاس کے کمرے میں بغیر کسی تامل یا تکلف کے داخل ہو جاتے۔ کمرہ کسی کا ہوتا مولانا کا قیام آئندہ بارہ گھنٹوں کے لیے وہاں مسلم ہو گیا۔ یہاں بھی ذکر و فکر کا کوئی نہ کوئی سلسلہ شروع کر دیا جاتا۔

میں کچی بارک کے ۴، نمبر میں تھا۔ مسجد سے بہت قریب۔ جمعہ کا دن تھا۔ مولانا بھی موجود تھے۔ موصوف کے غسل کا انتظام کیا جا رہا تھا۔ مولانا کو غسل اور فیرینی سے ہمیشہ نفرت رہی لیکن آج لوگ کچھ اس درجہ آمادۂ نقض امن ہوئے کہ جی کڑا کر کے نہانے پر آمادہ ہو گئے۔ چھوٹی سی میلی بنیان اور اس سے زیادہ میلا آڑا پائجامہ فریب ستر بنے ہوئے تھے کثیف کر نہ صاف پائجامہ میں ڈالا جا چکا تھا اور میلے پائجامہ کو تہبند کی سی بندش دے رکھی تھی۔ جس کو مزید کگ نستق کی کانی سے پہنچائی گئی تھی۔ اتنے میں کھانا آ گیا مولانا نے کہا کھانے کے بعد نہاؤں گا۔ ابھی ایک 'ملی رنڈی' سے الجھے ہوئے تھے کہ صاحب باغ سے کچھ احباب آ گئے۔ طہارت کے اسلامی اور غیر اسلامی تصور پر بحث چھڑ گئی۔ بحث کے انہماک میں مولانا کو یہ خبر نہ ہوئی کہ جس چیز پر نلی کو ٹھونک کر گودا نکال رہے تھے وہ غسلخانے کی اونچی دہلیز تھی۔ لوگوں نے غل مچایا تو خبر ہوئی۔ نو وارد وں نے مسجد کا رخ کیا لیکن مولانا کی بحث ختم نہ ہوئی تھی سب بے خبری میں حریفوں کا تعاقب کرتے ہوئے مسجد تک پہنچ گئے گدا گر مرد عورت بچے سب مولانا کو دیکھ کر اس درجہ سراسیمہ ہوئے

کہ بچوں نے بڑھیوں کی بڑھیوں نے بوڑھوں کی اور بوڑھوں نے اپنے چیتھڑوں کی پناہ پکڑی۔ ہم لوگ بھی دوڑ پڑے اور مولانا کو کمرے پر واپس لائے۔

موصوف کو ہر کھیل سے دلچسپی تھی اور جسے جتنا کم جانتے تھے اتنا ہی زیادہ اس سے شغف ہوتا۔ تاش، چوسر، گنجفہ، شطرنج، کرکٹ، ہاکی، فٹ بال، ٹینس، پولو کہیں ہو رہا ہو مولانا ضرور موجود ہوں گے۔ اور اس تندہی اور دلچسپی کے ساتھ محو نظارہ ہوتے کہ دنیا و مافیہا کسی کی خبر نہ رہتی اس سلسلے میں مولانا کا رعب اسی وقت تک قائم رہتا جب تک خاموش رہتے۔

مولانا صرف " اندرون خانہ" قسم کے کھیلوں میں براہ راست حصہ لیتے تھے تاش کھیلنے کا بھی شوق تھا لیکن مولانا کے ساتھ کھیلنا ہر شخص کے بس کا نہ تھا اول تو خراب کھیلتے تھے دوسرے خلوص نیت سے نہ کھیلتے۔

مولانا کی شاعری پر اظہار خیال مرشد نے کیا ہے اور خدا جانے کیا اور کس طور پر کیا ہے کیونکہ نہ مجھ کو خبر کہ وہ کیا لکھ رہے ہیں اور نہ ان کو خبر کہ میں کس آفت میں مبتلا ہوں مجھے تو صرف یہ بتانا ہے کہ مولانا کی شعر و شاعری کے بعد ہم سب پر شاعر اور شاعری کا پھر کبھی رعب نہیں پڑا کسی قسم کی شاعری ہو، مصرع طرح کیسا ہی سنگلاخ اور وقت کتنا ہی تنگ کیوں نہ ہو، اردو ہو یا فارسی مولانا کا قلم بقول ظفر علی خاں صاحب ٹھاٹھیں مارتا چلا جاتا ہے معلوم نہیں ٹھاٹھیں مارنے کی ترکیب یا یہ محل استعمال صحیح بھی ہے یا نہیں مفہوم بہرحال وہی ہے جو ظفر علی خاں کا ہوگا۔ مولانا دوسروں کو غزلیں، نظمیں لکھ دیا کرتے تھے اصلاح نہیں دے سکتے تھے۔ کہتے تھے جب تک اصلاح دوں پوری نظم کیوں نہ لکھ دوں۔

-ولانا سے شعر لکھا کر مشاعرے میں پڑھنا خطرناک تھا۔ مشاعرے میں کبھی تو اپنے یا اس کے کلام پر بآواز بلند سوجنا شروع کر دیتے تھے یا پھر ان کا پیچ و تاب یا اظہار جذبات اس درجہ نمایاں اور معنی خیز ہوتا کہ لوگ تاڑ جاتے کہ دراصل کلام کا مصنف کون تھا۔ اس لیے جو شخص مولانا سے استفادہ کرتا وہ اس کا بھی اہتمام کرتا کہ جس موقع پر وہ کلام پیش کیا جائے وہاں مولانا موجود نہ ہوں۔ مولانا کا کلام ان کے تخلص سے تقریباً نایاب ہے۔ لیکن دوسروں کے تخلص سے اتنا ہی وافر ہے جتنا کسی دوسرے کا ہو سکتا ہے۔

ایک زمانے میں غالب اور ذوق کا موازنہ کالج میں بڑی مقبول ادبی ورزش تھی۔ مولانا بھی گشت لگاتے پہنچ گئے۔ سب نے مولانا سے رجوع کیا۔ طبیعت بحث پر مائل نہ تھی۔ حاضرین نے چھیڑنا شروع کیا۔ مولانا برابر ”غیر حاضر“ رہے۔ ایک صاحب نے بڑے فاتحانہ انداز سے ذوق کا یہ شعر پڑھا۔

سر بوقتِ ذبح اپنا اس کے زیر پائے ہے   یہ نصیب اللہ اکبر لوٹنے کی جائے ہے

مولانا چونک پڑے، فرمایا سبحان اللہ، اس کے بعد شعر کے ثانی مصرعہ کے ایک لفظ کو دو حصوں میں تقسیم کرکے پڑھا اور سر نیچا کرکے لاحول ولا قوۃ کہہ دیا۔ ذوق کے حامی خفیف اور خجل ہوکر اٹھ گئے۔

یہاں تذکرہ تھا مولانا کے کلام کی کمیابی اور نایابی کا۔ حال ہی میں کسی اخبار میں اشتہار دیکھا جس میں درخواست کی گئی تھی کہ مولانا کا دیوان زیر ترتیب ہے اس لیے جن صاحبوں کے پاس مولانا کا کلام ہو وہ مرتّب کے پاس بھیج دیں۔ اس سلسلے میں دو باتیں قابلِ ذکر ہیں ایک مولانا کی یہ کوشش اور تمنا کہ وہ کلام بھی مجموعے میں شامل کرلیا جائے جس کو مولانا کمزوری کے لمحات میں وقف علی الاولاد کیا کرتے تھے۔ دوسری طرف ان لوگوں کی سراسیمگی ہے جو اس پر قابض و متصرف تھے اور ان ہی کے نام سے وہ کلام شائع کیا گیا۔

ایک صاحب مولانا کے عزیز دوست تھے مولانا سے فرمائش کی کہ یونین میں ایک تقریر کرنا چاہتا ہوں آپ کوئی بڑھیا تقریر لکھ دیں۔ مولانا آمادہ ہو گئے اور تقریر لکھ کر حوالہ کردی نہایت پر مغز، مدلل اور شاندار۔ الکشن کا زمانہ قریب تھا جب ہر امیدوار کے لیے یونین میں اپنی تقریر کا سکّہ جمانا لازم آتا تھا کئی ہفتے بعد اسی بحث کا اعلان کیا گیا جس پر مولانا نے تقریر لکھی تھی محرک کا نام بھی وہی تھا جس کے لیے تقریر لکھی تھی۔ مقررہ یوم اور وقت پر ہم سب مولانا کے ساتھ یونین پہنچے۔ وائس پریسیڈنٹ نے اعلان کیا کہ بعض وجوہ کی بنا پر محرک تشریف نہ لاسکے اس لیے فلاں صاحب تحریک پیش کریں گے۔ یہ بزرگ مولانا کے دوست کے دوست تھے لیکن خود مولانا ان کے ازلی دشمن تھے۔ مولانا کو کچھ تو اپنے دوست کے فرار ہو جانے پر خفت اور مایوسی تھی کیونکہ حسبِ معمول ممدوح نے اپنی تصنیف اور اپنے دوست کے ملکہ تقریر کا اپنے مخصوص انداز میں کافی

پروپیگنڈا کر رکھا تھا۔ حریف کی پیش قدمی سے متحیر و مکدر ہوئے۔ مولانا نے اب نووارد کے خلاف طبع آزمائی شروع کی۔ کہ یہ تقریر کرنا کیا جانیں ان کو عبارت صحیح لکھنا اور بولنا نہیں آتا موضوع زیر بحث ان کے فرشتوں کے بھی سمجھ میں نہیں آسکتا وغیرہ۔

محرک حریف پارٹی کے رکن تھے۔ اور ان کا شہرت پانا مولانا کے مقاصد کے منافی تھا تقریر شروع ہوئی۔ مولانا چونک پڑے۔ یہ بزرگ نہایت صفائی اور جرأت کے ساتھ مولانا ہی کی لکھی ہوئی تقریر دہرا رہے تھے۔ اب مولانا کو معلوم ہوا کہ فریب دیا گیا ہے۔ ایسا فریب جس کی اہمیت اور نزاکت کو نظر انداز کیا گیا تو الیکشن کا سارا بنا بنایا نقشہ پلٹ جائے گا۔ تقریر ختم ہوئی اور ہال ابھی نعرۂ تحسین سے گونج ہی رہا تھا کہ مولانا اسٹیج پر نظر آئے۔

حاضرین متحیر تھے کہ مولانا تقریر کرنے پر کیوں کر آمادہ ہو گئے۔ مولانا کی جادو بیانی مشہور تھی لیکن موصوف کو تقریر پر آمادہ کرنا ہر شخص کا کام نہ تھا۔ آج جو یہ آمادگی پائی گئی تو مجمع ہمہ تن گوش بن گیا۔ مولانا نے تحریک کی مخالفت میں اپنی ہی لکھی ہوئی تقریر کی رد میں برجستہ کامل ایک گھنٹہ تقریر کی۔ اس عالمانہ تبحر لطف بیان اور جوش خطابت کے ساتھ کہ لوگ حیرت میں آگئے بات چھپی نہیں رہ سکتی تھی۔ اس کے بعد لوگوں پر مولانا کے تبحر ذہانت اور سحر بیانی کا ایسا سکہ جما کہ جب تک کالج میں رہے حریفوں نے کبھی سر تابی نہیں کی۔ سرور خاں مرحوم طلبائے کالج کی جماعت اشراف۔ کے مسلمہ لیڈر تھے اور مولانا سہیل اور ان کے "چونی والوں" کے سخت مخالف۔ ایک بار مولانا کا ذکر آگیا۔ کہنے لگے۔ فتنہ ہے فتنہ لیکن کیا کیا جائے کمبخت بڑا قابل اور بے پناہ ہے۔"

۱۸ء یا ۱۹ء کا واقعہ ہے یونین میں ام الالسنہ عربی پر خواجہ کمال الدین مرحوم کی اردو میں تقریر تھی۔ مرحوم نے بڑی قابلیت اور اعتماد کے ساتھ تقریر شروع کی۔ مولانا سہیل کی آنکھوں میں تکلیف تھی۔ سردیوں کا زمانہ تھا مولانا کو احباب اسپتال لائے تھے۔ یونین میں مجمع دیکھا تو کہا مولانا تکلیف نہ ہو تو ذرا تقریر سنتے چلیں۔ مولانا نے کہا اچھی بات ہے لیکن آنکھوں میں تکلیف زیادہ ہے جلد اٹھ آئیں گے سب لوگ یونین میں آئے مولانا سر سے پاؤں تک بڑے وزنی لبادے میں ملفوف تھے سر پر اونی کنٹوپ تھا۔ آنکھوں پر پٹی بندھی ہوئی تھی اور اس پر ایک ہرے رنگ کا چھجا ر شیڈ، لگا ہوا تھا۔ خواجہ صاحب نے کم و بیش دو گھنٹے تک تقریر کی۔ حاضرین

محوحیرت تھے۔ تقریر ختم ہوئی تو وائس پریسیڈنٹ نے اعلان کیا کہ مولانا سہیل فاضل مقرر کا طلبائے کالج کی طرف سے شکریہ ادا کریں گے۔ مولانا کے خلاف سازش کامیاب ہوئی۔ دو تین اور ساتھیوں نے مولانا کو ہاتھوں ہاتھ ڈائس پر پہنچایا۔ مولانا کی آنکھوں پر پٹی بندھی ہوئی تھی، میز کے پاس کھڑے کیے گئے تھوڑی سی ناک، اس سے ذرا بڑی ٹھوڑی اور ہاتھ کی صرف انگلیاں دکھائی دے رہی تھیں۔ مولانا نے بے تکلف تقریر شروع کر دی اس اعتماد سے گویا تمام عمر اسی مبحث پر تیاری کی تھی۔ جو لوگ یونین کے مجمع سے واقف ہیں وہ جانتے ہوں گے کہ اچھے مقرر کے بعد کسی اور کی تقریر سننے کے لیے کوئی نہیں ٹھہرتا اور صدر کا شکریہ بھی اسی بدنظمی کا ایک سلسلہ ہوتا ہے۔ مولانا نے بھی ام الالسنہ عربی پر تقریر شروع کی۔ پون گھنٹہ تک تقریر کی، نئے نئے پہلوؤں سے موضوع پر روشنی ڈالی، نئی نئی مثالیں پیش کیں۔ تقریر کو اس درجہ دلنشیں اور کہیں کہیں اتنا شگفتہ بنا دیا کہ خواجہ صاحب نے بے اختیار ہو کر مولانا کو گلے سے لگا لیا اور فرمایا "تمہارے ایسا جامع کمالات ساتھ کام کرنے والا مل جائے تو میں اسلام کا جھنڈا یورپ کی سب سے بلند چوٹی پر نصب کر دوں۔"

مسز سروجنی نائیڈو کالج میں پہلے پہل تشریف لائی تھیں۔ آج سے کم و بیش سترہ اٹھارہ سال قبل اسٹریچی ہال میں رات کے وقت تقریر ہوئی وہ رات اردو شعر و ادب اور ہندوستانی سیاست میں یادگار رہے۔ ہمارے دو اسو بھا • آغا حیدر حسن دہلوی نے بگیاتی زبان میں بیگم نائیڈو پر ایک مضمون لکھا جو اپنی خوبیوں کے اعتبار سے اردو ادب میں بے نظیر ہے۔ دوسری نظم مولانا سہیل نے لکھی ترکیب الفاظ، لطافت خیال، لطف زبان اور ترنم و تازگی میں وہ خود سروجنی کا پیکر تھی۔ کہا جاتا ہے کہ اس وقت کے کالج سکریٹری کے "شر" بننے کی شان نزول بھی اسی واقعہ سے وابستہ ہے۔

یہاں مولانا کے کلام کا جائزہ لینا مقصود نہیں ہے۔ عام طور پر لوگ خیال کرتے ہوں گے کہ مولانا کی شعر و شاعری صرف اردو تک محدود تھی حالانکہ مجھے اکثر ایسا محسوس ہوا کہ مولانا کے فارسی کلام میں اردو سے زیادہ طرفگی اور تازگی ہے۔ اعلیٰ حضرت شہریار دکن کے ورود مسعود پر مولانا نے جو فارسی قصیدہ اسٹریچی ہال میں سنایا تھا وہ مولانا کی فارسی دانی کا ادنیٰ ثبوت ہے۔

یہ قصیدہ مولانا نے رات بھر میں لکھ ڈالا تھا اس کے علاوہ متعدد ایسی نظمیں ہیں جو والس پریسیڈنٹ یونین کی صدر نشینی کے موقع پر تصنیف فرمائیں۔ کہا نہیں جاسکتا کہ مولانا فارسی نظمیں جلد لکھ سکتے تھے یا اردو۔ کچھ بھی ہو لکھتے بہت جلد تھے اتنا جلد کہ تصور میں بھی بمشکل آسکتا ہے۔

اکثر ایسا ہوا کہ شہر سے کچھ لوگ آئے ڈھونڈتے ڈھونڈتے مولانا تک پہنچے۔ مولانا کہیں جانے پر آمادہ ہیں لوگوں نے ہاتھ پاؤں جوڑنا شروع کیا۔ مولانا نے کھڑے کھڑے نظم مکمل کردی۔ ایک دن قضائے حاجت کے بعد لوٹا لیے واپس آرہے تھے کہ کچھ اجنبیوں نے گھیر لیا منظوم رقعہ دعوت کی التجا تھی مولانا بھی وہیں لوٹا لیے ہوئے نیب کے سائے تلے اکڑوں بیٹھ گئے پہلا مصرعہ لکھایا تھا کہ ایک صاحب بول اٹھے حضور اردو نہیں فارسی۔ مولانا نے بغیر کسی تامل کے فارسی شعر لکھانے شروع کردیے فریقین کے نام گاؤں تاریخ سب کچھ نظم کردی کیسی دل کش اور ستھری نظم تھی میں نے کہا مولانا اسے علی گڑھ منتھلی میں شائع کرادوں مجھے بھی لکھا دیجیے۔ فرمایا اب یاد کہاں اور پھر ایسی ویسی نظموں سے کون اپنے آپ کو منسوب کرے۔

کتنے تو ایسے تھے جنھوں نے انعامی نظم اور مضامین نثر مولانا سے لکھوائے اور اول درجہ کا انعام حاصل کیا۔ ایک واقعہ کا ذکر کروں۔ علی گڑھ کی نمائش قریب تھی اور لکھنؤ کا ایک سفر درپیش تھا۔ کالج کے بقایا جات ان پر مستزاد۔ ہم سب اس فکر میں تھے کہ کہیں سے روپے مل جائیں تو یہ دشواریاں دور ہوجائیں۔ ہم میں سب سے زیادہ مال دار مولانا تھے جو صرف کپڑے اور دواؤں پر روپے صرف کرتے تھے یا ہم لوگوں کو قرض حسنہ دیتے تھے۔ قرض حسنہ کا مفہوم یہ تھا کہ اگر کبھی مولانا کو ضرورت ہو تو ہم ادا کریں ورنہ کوئی ضرورت نہیں۔ مرشد نے اس میں اضافہ کردیا تھا یعنی بجائے اس کے کہ اصل پر سود کا اضافہ کر کے مولانا کو واپس کیا جائے ادا کرتے وقت اصل میں سے سود اور بھول چوک کی رقم وضع کرلی جاتی تھی۔ مولانا اس پر بھی اکتفا کرتے تھے، کہتے تھے جو مل گیا وہ پورا نفع ہے۔

مرشد نے فرمایا مولانا کو ٹٹولو۔ میں نے کہا رقم زیادہ ہے مولانا دے تو جائیں گے لیکن واپسی کے بھی متمنی ہوں گے۔ مولانا نے مانگا نہیں اور ہماری ساکھ گئی نہیں۔ علوی نے کہا

ترکیب میں بتاؤں ابھی ایک نوٹس دیکھا ہے، اردو کا ایک مضمون طلب کیا گیا ہے، اوّل انعام سو روپے کا ہے، مضمون مولانا سے لکھواؤ نام ہم اپنا دیں گے۔ انعام تو مل ہی جائے گا۔ سو روپے مولانا سے قرض لے لیے جائیں، انعام ملے تو حقِ شاگردی وضع کر کے مولانا کو کچھ روپے واپس کر دیے جائیں گے۔ یہ ترکیب پسند کی گئی اور پوری اسکیم مرتّب کر کے ہم سب منہ لٹکائے ہوئے مولانا کے پاس پہنچے۔

مولانا ہم لوگوں کو کبھی افسردہ خاطر نہیں دیکھ سکتے تھے۔ بولے خیر تو ہے سُست سُست سے کیوں نظر آ رہے ہو۔ علوی نے کہنا شروع کیا مولانا وہ اشتہار تو آپ نے دیکھا ہو گا جس میں سو روپے کا انعام مقرر ہے۔ مولانا نے کہا ہاں لیکن بڑا مبتذل اور پیش پا افتادہ مبحث ہے۔ علوی نے کہا جی ہاں ٹھیک ہے لیکن سرور صاحب نے آغا صاحب کے لیے۔ . . . صاحب کو لکھنؤ لکھا تھا وہاں سے وہ مضمون تیار ہو کر آ گیا ہے۔ نہایت عمدہ لکھا گیا ہے، انعام تو خیر آغا کو مل ہی جائے گا لیکن آپ نے یہ بھی سوچا آئندہ الکشن پر اس کا کیا اثر پڑے گا۔ ہم لوگ تو کہیں کے نہ رہے سرور کہتے تھے کہ انعام ملنے پر سہیل کی مزاج پرسی کر دوں گا۔

مولانا نے جھرجھری لی۔ بولے سرور سے کہہ دینا ستارہ یمانی علی گڑھ میں بھی طلوع ہو سکتا ہے۔ اچھا تو ذرا میز پر سے سادی کاپی اٹھانا۔ قلم تمہارے پاس ہے لکھو۔ مولانا نے مضمون لکھانا شروع کیا۔ بولے: "بَدوِ آفرینش سے" ہم لوگوں نے کہا مولانا یہ "بدو" وغیرہ مہمل ہیں ذرا سیدھا سادہ لکھا جائے ایسا بھی کیا مضمون جس کا پہلا ہی لفظ نہ ٹھیک پڑھا جائے نہ سمجھا جائے۔ مسکرائے پھر بولنا شروع کر دیا کم و بیش تین گھنٹے تک لکھاتے رہے اس کے بعد دوسرے وقت کے لیے لکھائی ملتوی ہوئی۔ دوسرے دن پھر شروع کیا اور بغیر یہ پوچھے ہوئے کہ اوپر کیا لکھا گئے ہو بولنا شروع کر دیا۔ مضمون فلسکیپ کے بتیس صفحات پر ختم ہوا چونکہ نتیجہ جلد معلوم ہو گیا اس لیے مولانا سے اُدھار نہیں لینا پڑا انعام کے روپے مل گئے اور ہمارے پروگرام کی ایک ایک مد پوری ہو گئی۔

مولانا کی گھریلو زندگی بڑی دلچسپ ہے۔ تمام رشتے دار عورتوں میں بے حد مقبول ہیں خاندان کے لڑکے لڑکیوں کی شادی کی بات چیت مولانا ہی کے ذمّہ ہے۔ پرانے قصّے قضیے

اس وقت تک کے لیے ملتوی رکھے جاتے ہیں جب تک تعطیل میں مولانا کا پھیرا نہ ہو جائے گھر کے ایک معتبر بھیدی سے روایت ہے کہ بڑے بوڑھے بچے سب کے ساتھ مولانا ایک ہی چارپائی پر بیٹھے صبح سے شام تک جھگڑے چکایا کرتے ہیں۔ انھیں کے لب و لہجہ اور روزمرّہ میں گفتگو کرتے ہیں انھیں کے ساتھ کھانا کھا لیتے ہیں۔ اس دوران میں ان سے کئی عورتیں ایک ساتھ کپڑوں کی فرمائش کر دیتی ہیں تو مولانا جس طرح بیٹھے ہوتے ہیں ویسے ہی اٹھ کر بازار چلے جاتے ہیں۔ ایک دفعہ بایں ہیئتِ کذائی دیکھا کہ دال منڈی (بنارس) میں ننگے سر بزاز کے ہاں سے کم سے کم دو درجن کپڑے کے تھان نوکر کے ساتھ سر پر رکھوائے چلے آ رہے ہیں، ایک ہاتھ میں رشتے دار عورتوں ہی کے ہاتھ کی بنائی ہوئی گلوری ہے، پاؤں میں سلیم شاہی جوتی بہ شکلِ سلیپر، راستے میں ایک بساطی سے اہلِ حدیث قسم کی بحث کرنے لگے بڑے تپاک سے ملے کہنے لگے صدیقی خوب آئے بغل گیر ہونے پر آمادہ ہوئے۔ میں نے کہا مولانا شیروانی میرے پاس ایک ہی ہے اور نئی بھی ہے اس پان کو یا تو یہیں کسی بالاخانے پر دے آئیے یا اس بساطی کو دے دیجیے۔ بڑی بحثیں کرتا ہے آپ کا پان کھا کر مدتوں گلگلوں کو رد دے گا۔

ہم دونوں مکان واپس آئے عورتوں نے باوجود مولانا کی طلاقتِ لسانی کے سارے کپڑے واپس کر دیے اور فرمائش کر دی دوسرے لاؤ۔ مولانا پھر آمادۂ سفر ہوئے اور اس اطمینان کے ساتھ گویا شبلی منزل میں دعوت کھانے جا رہے ہیں۔ عرض کیا مولانا یہ نہ ہو گا کپڑے نوکر سے واپس کر دیجیے آپ جس حیثیت سے دال منڈی میں گشت لگاتے ہیں اس کا اثر ان کی "بالانشینوں" پر کیا پڑے گا۔ مولانا نے کہا دال منڈی والیوں کا خیال کروں یا گھر والیوں کا۔ دال منڈی میں تم نہیں جانے دیتے گھر والیاں اندر نہ گھسنے دیں گی۔ میں نے کہا کوئی پروا نہیں، یہ دیکھیے سامنے کیسے اچھے سیخ کے کباب اور پیاز کے لچھے نظر آ رہے ہیں۔ ہم آپ یہی کھائیں گے آپ شعر سنائیے گا میں سور ہوں گا اتنے میں نبی احمد مرحوم آ گئے کہنے لگے صدیقی تمھارا آنا ہم سب کی نجات کا باعث ہوا ورنہ اقبال ان عورتوں کے پھیر میں تمام دال منڈی میں آسیب کی طرح چکر کاٹتے۔ ادھر گھر میں عدالتِ دیوانی کا اجلاس ہو رہا ہے

عجب ضیق میں جان تھی۔

مولانا سہیل کو فن عمارت میں بڑا درک ہے جس طرح مشکل زمین میں اچھے شعر نکالنا ہر شاعر کا کام نہیں اسی طرح شہر کی چپقلش میں عمارت کا اچھا نقشہ بنانا بھی آسان نہیں ٹیڑھی میڑھی زمین میں مولانا نے ایسے خوش وضع مکان بنوائے ہیں کہ حیرت ہوتی ہے معلوم نہیں مولانا اچھا کھانا کھانے کے شائق ہیں یا نہیں یہ ضرور ہے کہ مولانا کے یہاں نہایت لذیذ اور ستھرا کھانا پکتا ہے۔ میں نے اکثر اپنے خرچ سے مولانا کے یہاں ارہر کی دال اور کھڑے مسالے کا گوشت کھایا اور ان کے بالاخانے کے ہوادار برآمدے میں سونے کے لیے اعظم گڑھ کا سفر کیا ہے۔ پان کثرت سے کھاتے ہیں دانت بالکل نہیں صاف کرتے جس طرح بعض لوگ شکر کی خاطر چائے پیتے ہیں مولانا چونے کی خاطر پان کھاتے ہیں فن عمارت کی اصطلاح یا استعارے میں یوں کہہ سکتے ہیں پان پر کتھے کی صرف کوچی پھری ہوتی ہے۔۔ لیکن چونے کا پلاسٹر ہوتا ہے۔ لیموں کے دلدادہ ہیں۔ کہتے ہیں اللہ میاں نے اگر عیسائیوں کا عقیدہ صحیح ہے، چھ دن میں دنیا کی ساری چیزیں بنائیں ساتویں دن لیموں سے دل بہلایا ہے۔ ایک دن تو مزے میں آکر یہاں تک کہہ گئے کہ لیموں ہی عورت کی تخلیق کا موجب ہوا۔

اعظم گڑھ میں وکالت کرتے ہیں، خوب چلتی ہے۔ وکالت کے پیشے سے میں طبعاً متنفر ہوں اور میری دلی خواہش ہے کہ مولانا اس عذاب سے نجات پا جائیں مولانا کا بہترین مشغلہ تصنیف و تالیف یا درس و تدریس ہوگا۔ مرشد اور سہیل عہد حاضر کے ہندوستانی مسلمانوں میں منفرد ہیں۔ میں نے ان سے زیادہ کسی اور کو طباع، ذہین اور بے پناہ نہیں پایا۔ لیکن مرشد اور سہیل میں ایک فرق ہے۔ مرشد اپنی سیرت اور شخصیت کے اعتبار نسبتاً بہت بلند و بہتر ہیں۔ مولانا سہیل وکالت میں اپنے حریف کا مقابلہ بحیثیت ایک فریق کے کرتے ہیں اور اس کے قائل ہیں کہ جنگ کا کوئی صحیفۂ اخلاق نہیں ہے مرشد حریف کا مقابلہ فریق کی حیثیت سے نہیں کرتے اصول کو انھوں نے کبھی ہاتھ سے نہیں جانے دیا۔ وہ حریف کی عظمت کے بھی قائل ہو جاتے ہیں۔ سہیل کی عصبیت اکثر ان کو حریف کی سیرت اور شخصیت کے بہتر پہلوؤں کا احساس کرنے سے باز رکھتی ہے۔ وہ اپنے دشمن کو حق و صداقت کا دست

نہیں سمجھ سکتے مرشد کا عقیدہ یہ ہے کہ دشمن بھی مخالفت میں مخلص ہو سکتا ہے۔ سہیل کے جانی دشمن بھی ہو سکتے ہیں، مرشد کے کبھی نہیں۔

سہیل کثیرالاولاد ہیں دو لڑکے اور بہت ساری لڑکیاں۔ سب سے چھوٹا لڑکا حال ہی میں پیدا ہوا چونکہ متعدد لڑکیوں کے بعد پیدا ہوا اس لیے مولانا کو اس کی بڑی مسرّت ہوئی اس کی ولادت پر مولانا مسعود علی صاحب ندوی کو ایک خط لکھا گیا جس کا آخری فقرہ یہ تھا۔

"خدا کرے مولود کو سر یعقوب کی خوش نصیبی آپ کی جلنساہٹ اور سہیل کی قابلیت ارزانی ہو۔"

دھوبی

علی گڑھ میں نوکر کو آقا ہی نہیں "آقائے نامدار" بھی کہتے ہیں اور وہ لوگ کہتے ہیں جو آج کل خود آقا کہلاتے ہیں یعنی طلبہ! اس سے آپ اندازہ کر سکتے ہیں کہ نوکر کا کیا درجہ ہے۔ پھر ایسے آقا کا کیا کہنا، جو "سپید پوش" واقع ہو۔ سپید پوش کا ایک لطیفہ بھی سن لیجیے۔ اب سے دور اور میری آپ کی جان سے بھی دور، ایک زمانے میں پولیس کا بڑا دور دورہ تھا۔ اسی زمانے میں پولیس نے ایک شخص کا بدمعاشی میں چالان کر دیا۔ کلکٹر صاحب کے یہاں مقدمہ پیش ہوا۔ ملزم حاضر ہوا تو کلکٹر صاحب دنگ رہ گئے۔ نہایت صاف ستھرے کپڑے پہنے ہوئے، صورت شکل سے مردِ معقول، بات چیت نہایت نستعلیق۔ کلکٹر صاحب نے تعجب سے پیشکار سے دریافت کیا کہ اس شخص کا بدمعاشی میں کیسے چالان کیا گیا، دیکھنے میں تو یہ بالکل بدمعاش نہیں معلوم ہوتا! پیشکار نے جواب دیا "حضور! تامل نہ فرمائیں یہ سپید پوش بدمعاش ہے!"

لیکن میں نے یہاں سپید پوش کا لفظ اس لیے استعمال کیا ہے کہ میں نے آج تک کسی دھوبی کو میلے کپڑے پہنے نہیں دیکھا اور نہ اس کو خود اپنے کپڑے پہنے دیکھا۔ البتہ اپنا

کپڑا پہنے ہوئے اکثر دیکھا ہے۔ بعضوں کو اس پر غصہ آیا ہوگا کہ ان کا کپڑا دھوبی پہنے ہو۔ کچھ اس پر بھی جز بز ہوئے ہوں گے کہ خود ان کو دھوبی کے کپڑے پہننے کا موقع نہ ملا۔ میں اپنے کپڑے دھوبی کو پہنے دیکھ کر بہت متأثر ہوا ہوں۔ کہ دیکھیے زمانہ ایسا آگیا کہ یہ غریب میرے کپڑے پہننے پر اتر آیا۔ گو اس کے ساتھ یہ بھی ہے کہ اپنی قمیص دھوبی کو پہنے دیکھ کر میں نے دل ہی دل میں افتخار بھی محسوس کیا ہے۔ اپنی طرف سے نہیں تو قمیص کی طرف سے۔ اس لیے کہ میرے دل میں یہ وسوسہ ہے کہ اس قمیص کو پہنے دیکھ کر مجھے در پردہ کسی نے اچھی نظر سے نہ دیکھا ہوگا۔ ممکن ہے خود قمیص نے بھی اچھی نظر سے نہ دیکھا ہو۔

دھوبیوں سے حافظ اور اقبال بھی کچھ بہت زیادہ مطمئن نہ تھے۔ مجھے اشعار یاد نہیں رہتے اور جو یاد آتے ہیں وہ شعر نہیں رہ جاتے سہلِ ممتنع بن جاتے ہیں۔ کبھی سہل زیادہ اور ممتنع کم اور اکثر ممتنع زیادہ اور سہل بالکل نہیں۔ اقبال نے میرے خیال میں (جس میں اس وقت دھوبی بسا ہوا ہے) شاید کبھی کہا تھا۔

آہ بیچاروں کے اعصاب پہ دھوبی ہے سوار ؟

یا حافظ نے کہا ہو

فغاں کیں گاذرانِ شوخ و قابل دار و شہر آشوب !

ان دونوں کا سابقہ دھوبیوں سے یقیناً رہا تھا۔ لیکن میں دھوبیوں کے ساتھ ناانصافی نہ کروں گا۔ حافظ اور اقبال کو تو میں نے تصوف اور قومیات کی وجہ سے کچھ نہیں کہا۔ لیکن میں نے بہت سے ایسے شعرا دیکھے ہیں جن کے کپڑے کبھی اس قابل نہیں ہوتے کہ دنیا کا کوئی دھوبی سوا ہندوستان کے دھوبی کے دھونے کے لیے قبول کرلے۔ اگر ان کپڑوں کو کوئی جگہ مل سکتی ہے تو صرف ان شعرا کے جسم پر۔ میں سمجھتا ہوں کہ لڑائی کے بعد جب ہر چیز کی دروبست نئے سرے سے کی جائے گی اس وقت عام لوگوں کا یہ حق بین الاقوامی پولیس مانے اور منوائے گی کہ جس شاعر کے کپڑے کوئی دھوبی دھوتا ہو بشرطیکہ دھوبی خود شاعر نہ ہو اس سے کپڑے دھلانے والوں کو یہ حق پہنچتا ہے کہ دھلائی کا نرخ کم کرالیں۔ یہ شعرا اور ان کے بعض قدردان بھی دھوبی کے سپرد اپنے کپڑے اس وقت کردیتے ہیں

جب ان میں اور کپڑے میں کوڑا اور کوڑا گاڑی کا رشتہ پیدا ہو جاتا ہے۔

دھوبی کپڑے چراتے ہیں، بیچتے ہیں کرائے پر چلاتے ہیں، گم کرتے ہیں، کپڑے کی شکل مسخ کر دیتے ہیں، پھاڑ ڈالتے ہیں۔ یہ سب میں مانتا ہوں اور آپ بھی مانتے ہوں گے لیکن اس میں بھی شک نہیں کہ ہمارے آپ کے کپڑے اکثر ایسی حالت میں اترتے ہیں کہ دھوبی کیا کوئی دیوتا بھی دھوئے تو ان کو کپڑے کی ہیئت وحیثیت میں واپس نہیں کر سکتا۔ مثلاً غریب دھوبی نے ہمارے آپ کے ان کپڑوں کو پانی میں ڈالا ہو میل پانی میں مل گیا اللہ اللہ خیر سلّا۔ جیسے خاک کا پتلا خاک میں مل جاتا ہے خاک خاک میں آگ آگ میں، پانی پانی میں اور ہوا ہوا میں۔ البتہ ان کپڑے پہننے والوں کا یہ کمال ہے کہ انھوں نے کپڑے کو تو اپنی شخصیت میں جذب کر لیا اور شخصیت کو کثافت میں منتقل کر دیا۔ مثلاً لطافت بے کثافت جلوہ پیدا نہیں کر سکتی! اور یہی کثافت ہم دنیا داروں کو قمیص، پگڑی اور شلوار میں نظر آتی ہو۔ یہ بات میں نے کچھ یوں ہی نہیں کہہ دی ہے۔ اونچے قسم کے فلسفے میں آیا ہے کہ عرض بغیر جوہر کے قائم رہ سکتا ہے اور نہ بھی آیا ہو تو فلسفیوں کو دیکھتے ہوئے یہ بات کبھی نہ کبھی ماننی پڑے گی۔

دھوبی کے ساتھ ذہن میں اور بہت سی باتیں آتی ہیں مثلاً گدھا، رسی، ڈنڈا، دھوبی کا کتا، دھوبن (میری مراد پرند سے ہے) استری (اس سے بھی میری مراد وہ نہیں جو آپ سمجھتے ہیں) میلے ثابت پھٹے پرانے کپڑے وغیرہ۔ ممکن ہے آپ کی جیب میں بھولے سے کوئی ایسا خطرہ رہ گیا ہو جس کو آپ سینے سے لگائے رکھتے ہوں لیکن کسی شریف آدمی کو نہ دکھا سکتے ہوں اور دھوبی نے اسے دھو پھاڑ کر آپ کا آنسو خشک کرنے کے لیے بلاٹنگ پیپر بنا دیا ہو یا کوئی یونانی نسخہ آپ جیب میں رکھ کر بھول گئے ہوں اور دھوبی اسے بالکل "صاف نمود" کر کے لایا ہو۔

لڑائی کے زمانے میں جہاں اور بہت سی دشواریاں ہیں، وہاں یہ آفت بھی کم نہیں کہ بچے کپڑے پھاڑتے ہیں، عورتیں کپڑے سیتی ہیں، دھوبی کپڑے چراتے ہیں دکان دار قیمتیں بڑھاتے ہیں اور ہم سب کے دام بھگتتے ہیں۔ لڑائی کے بعد زندگی کی

از سرِ نو تنظیم ہو یا نہ ہو کوئی تدبیر ایسی نکالنی پڑے گی کہ کپڑے اور دھوبی کی مصیبتوں سے نوعِ انسانی کو کلیتاً نجات نہ بھی ملے تو بہت کچھ سہولت میسر آجائے۔

کپڑے کا مصرف پھاڑنے کے علاوہ حفاظت، نمائش اور ستر پوشی ہے۔ میرا خیال ہے کہ یہ باتیں اتنی حقیقی نہیں ہیں جتنی ذہنی یا رسمی۔ سردی سے بچنے کی ترکیب تو یونانی اطبا اور ہندوستانی سادھو جانتے ہیں ایک کشتہ کھاتا ہے، دوسرا جسم پر مل لیتا ہے۔

نمائش میں ستر پوشی اور ستر نمائی دونوں شامل ہیں۔ میرا خیال ہے کہ اگر ستر کے رقبہ پر کنٹرول عاید کر دیا جائے تو کپڑا یقیناً کم خرچ ہوگا اور دیکھ بھال میں بھی سہولت ہوگی۔ جنگ کے دوران میں یہ مراحل طے ہو جاتے تو صلح کا زمانہ عافیت سے گزرتا۔

لیکن اگر ایسا نہ ہو سکے تو پھر دنیا کی حکومتوں کو چاہیے کہ وہ تمام سائنس دانوں اور کاریگروں کو جمع کر کے قوم کی اس مصیبت کو ان کے سامنے پیش کریں کہ آئندہ سے لباس کے بجائے "انٹی دھوبی ٹنیک" کیوں کر بنائے اور اوڑھے پہنے جا سکتے ہیں اگر یہ ناممکن ہے اور دھوبیوں کے پھاڑنے پچھاڑنے اور جلانے کے پیدائشی حقوق مجروح ہونے کا اندیشہ ہو جس کو خدا ترس حکومتیں گوارا نہیں کر سکتیں یا بعض بین الاقوامی پیچیدگیوں کے پیش آنے کا اندیشہ ہو تو پھر رائے عامہ کو ایسی تربیت دی جائے کہ لباس پہننا ہی یک قلم موقوف کر دیا جائے اور تمام دھوبیوں کو کپڑا دھونے کے بجائے بین الاقوامی معاہدوں اور ہندوستانی کی تاریخوں کو دھونے پچھاڑنے اور پھاڑنے پر مامور کر دیا جائے۔

بفرضِ محال ستر پوشی پر کنٹرول ناممکن ہو یا ترکِ لباس کی اسکیم پر بزرگانِ قوم جامے سے باہر ہو جائیں اور دھوبی ایجی ٹیشن کی نوبت آئے تو پھر ملک کے طول و عرض میں "بھارت بھبوت بھنڈار" کھول دیے جائیں۔ اس وقت ہم سب سر جوڑ کر اور ایک دوسرے کے کان پکڑ کر ایسے بھبوت ایجاد کرنے کی کوشش کریں گے جن میں جائے کے خواص ہوں گے یعنی گرمی میں ٹھنڈک اور سردی میں گرمی پیدا کریں گے۔ ستر پوشی سے جسم پوشی کرنا پڑے گی۔ اگر ہم اتنی ترقی نہیں کر سکے ہیں اور قوم و ملک کی نازک اور ناگفتہ بہ حالت دیکھتے ہوئے بھی ستر کو قربان نہیں کر سکتے تو بھارت بھبوت بھنڈار کے ذریعہ ایسے انجنیئر اور آرٹسٹ پیدا کیے جائیں گے

جو ستر کو کچھ کا کچھ کر دکھائیں جیسے آج کل لڑنے والی حکومتیں دشمن کو دھوکا دینے کے لیے دھوکے کی ٹٹی قائم کر دیا کرتی ہیں جس کو انگریزی میں (SMOKE SCREEN) کہتے ہیں۔۔ اور جس کے تصرّف سے دیوار در، در دیوار نظر آنے لگتے ہیں۔

میں تفصیل میں نہیں پڑنا چاہتا۔ صرف اتنا عرض کر دینا کافی سمجھتا ہوں کہ اس بھبوتیائی آرٹ کے ذریعے ہم کسی حصۂ جسم کو یا ان میں سے ہر ایک کو اس طرح مسخ یا مزیّن کر سکیں گے کہ وہ کچھ کا کچھ نظر آئے۔ بقول ایک شاعر کے جو اس آرٹ کے رمز سے غالباً واقف تھے یعنی:

وحشت میں ہر اک نقشہ الٹا نظر آتا ہے
مجنوں نظر آتی ہے لیلیٰ نظر آتا ہے

شعرا نے ہمارے آپ کے اعضاء و جوارح کے بارے میں تشبیہ استعارہ یا جنون میں جو کچھ کہا ہے بھارت بھبوت کے آرٹسٹ اسی قسم کی چیز ہمارے آپ کے جسم پر بنا کر غزل کو نظم معرا کر دکھائیں گے۔ اس وقت آرٹ برائے آرٹ اور آرٹ برائے زندگی کا تنازعہ بھی ختم ہو جائے گا۔ بہت ممکن ہے بھبوت بھنڈار میں ایسے سرمے بھی تیار کیے جا سکیں جن کی ایک سلائی پھیرنے سے چھوٹی چیزیں بڑی اور بڑی چھوٹی نظر آنے لگیں یا دور کی چیز قریب اور قریب کی دور نظر آئے۔ اس طور پر شعر، آرٹ اور تصوف کو ایک دوسرے سے مربوط کر سکیں گے۔ دوسری طرف ستر دوستوں یا ستر دشمنوں کی بھی اشک شوئی ہو جائے گی۔ اس وقت دھوبیوں کو معلوم ہو گا کہ ڈکٹیٹر کا انجام کیا ہوتا ہے۔

علی گڑھ میں میرے زمانۂ طالب علمی کے ایک دھوبی کا حال سنیے جو اب بہت معمّر ہو گیا ہے۔ وہ اپنے گاؤں میں بہت معزز مانا جاتا ہے۔ دو منزلہ وسیع پختہ مکان میں رہتا ہے۔ کاشت کاری کا کاروبار بھی اچھے پیمانے پر پھیلا ہوا ہے۔ گاؤں میں کالج کے قصے اس طور پر بیان کرتا ہے جیسے پرانے زمانے میں سورماؤں کی بہادری و فیاضی اور حسن و عشق کے افسانے بھاٹ سنایا کرتے تھے۔ کہنے لگا میاں وہ بھی کیا دن تھے اور کیسے کیسے اشراف کالج میں آیا کرتے تھے۔ قیمتی خوب صورت نرم و نازک کپڑے پہنتے تھے

جلد اتارتے تھے، دیر میں منگاتے تھے، ہر مہینہ دو چار کپڑے اِدھر اُدھر کر دیے وہاں خبر بھی نہ ہوئی، یہاں مالا مال ہو گئے۔ اُن کے اتارے کپڑوں میں بھی میرے بچّے اور رشتے دار ایسے معلوم ہوتے تھے جیسے علی گڑھ کی نمائش۔ آج کل جیسے کپڑے نہیں ہوتے تھے گویا وری اور جھول داری لٹکائے پھر رہے ہیں۔ ایک کپڑا دھونا پچاس ہاتھ مگدر ہلانے کی طاقت لیتا ہے۔ کیسا ہی دھوؤ بناؤ آب نہیں چڑھتا۔ اس پر یہ کہ آج لے جاؤ کل دے جاؤ۔ کوئی کپڑا بھول چوک میں آجائے تو عمر بھر کی آبرو خاک میں ملا دیں۔

میاں ان رئیسوں کے کپڑے دھونے میں بھی مزہ آتا تھا جیسے دودھ ملائی کا کاروبار۔ دھونے میں مزا، استری کرنے میں مزا، دیکھنے میں مزا، دکھانے میں مزا، کوئیں کے پاس کپڑے دھوتے تھے کہ کوتوالی کرتے تھے۔ پاس پڑوس دور سے کھڑے تماشا دیکھتے۔ پولیس کا سپاہی بھی سلام ہی کر کے جاتا۔ مجال تھی جو کوئی پاس آجائے۔ برادری میں رشتہ ناتا اونچا لگتا کہ سیّد صاحب کے کالج کا دھوبی ہے۔ پنچایت چکانے دور دور سے بلاوا آتا۔ ایسے ایسے کپڑے پہن کر جاتا کہ گاؤں کے مکھیا اور پٹواری دیکھنے آتے جو بات کہتا سب ہاتھ جوڑ کر مانتے کوئی چین چپڑ کرتا تو کہہ دیتا بچا ہیکڑی دکھائی تو سیّد صاحب کے ہاں لے چل کر وہ گت بنوائی ہو کہ چھٹی کا دودھ یاد آجائے گا۔ پھر کوئی نہ ٹکتا!

شہر میں کہیں شادی بیاہ ہوتا تو مجھے سب سے پہلے بلایا جاتا۔ لڑکی لڑکے کا بزرگ کہتا بھیّا انگنو لڑکی کی شادی ہے، عزّت کا معاملہ ہے، برادری کا سامنا ہے، مدد کا وقت ہے، میں کہتا نچنت رہو۔ تمھاری نہیں میری بیٹی ہے۔ کالج پھلے پھولے، فکر مت کرو پرماتما کا دیا سب کچھ موجود ہے۔ میاں یقین مانو کالج آتا لڑکوں سے کہتا حضور! لڑکی کی شادی ہے، اب کے جمعہ کو کپڑے نہ آئیں گے سب کہتے انگنو، کچھ پروا نہیں، ہم کو بھی بلانا، جو چیز چاہو لے جاؤ، ڈھب کے کام نہ کرنا۔ میاں پھر کیا تھا گز بھر کی چھاتی ہو جاتی!

ایک باری کے کپڑے، دری، فرش، چاندنی، تولیے، دسترخوان سب دے دیتا، محفل چاچم ہو جاتی ایسا معلوم ہوتا جیسے کالج کا کوئی جلسہ ہے۔ براتی دنگ رہ جاتے۔ میاں اس ہیرا پھیری اور ہڑگم میں ایک آدھ گم ہو جاتا کوئی کچھ رکھ لیتا یا اِدھر اُدھر دے ڈالتا،

دوسرے تیسرے جمعہ کو کالج آتا نہر لڑ کا بجائے اس کے کہ کپڑے پر ٹوٹ پڑتا دُور ہی سے پکارتا کیوں انگنو، اکیلے اکیلے لڑکی کی شادی کر ڈالی ہم کو نہیں بلایا۔ سب کو سلام کرتا، کہتا میاں تمھارا لکھنے پڑھنے کا ہرج ہوتا، کہاں جاتے، تمھارے اقبال سے سب کام ٹھیک ہو گیا۔

میاں لوگ نواب تھے۔ کہتے انگنو ہم کو فرصت نہیں میلے کپڑے لے لینا۔ دُھلے کپڑے بکس میں رکھ دینا، چابی تکیے کے نیچے ہوگی۔ بکس بند کر کے مجھے دے جانا۔ ان کو کیا خبر کون سے کپڑے لے گیا تھا کیا واپس کر گیا۔ کبھی کچھ یاد آ گیا تو پوچھ بیٹھے انگنو فلاں کپڑا نظر نہیں آیا۔ میں کہہ دیتا سرکار وہ لڑکی کی شادی نہ تھی۔ کہتے ہاں ہاں ٹھیک کہا، یاد نہیں رہا اور کیوں تم نے ہم کو نہیں بلایا۔ میرا یہ بہانہ اور ان کا یہ کہنا چلتا رہتا اور پھر ختم ہو جاتا۔

کالج میں کرکٹ کی بڑی دھوم تھی۔ ایک دفعہ کپتان صاحب نے گھاٹ پر سے بلوا بھیجا۔ کہنے لگے انگنو دلی سے کچھ کھیلنے والے آ گئے ہیں، ہم لوگوں کو کھیلنے کی فرصت نہیں لیکن ان کو بغیر میچ کھلائے واپس بھی نہیں کیا جا سکتا۔ چنانچہ یہ میچ کالج کے بیرے کھیلیں گے۔ تم تماز کے یہاں چلے جاؤ وہ بتلائے گا کہ کتنے کوٹ پتلون اور قمیص مفلر وغیرہ درکار ہوں گے۔ بیروں کی پوری ٹیم کو کرکٹ کا یونی فارم مہیا کر دو۔ کل گیارہ بجے دن کو میں سب چیزیں ٹھیک دیکھوں گا۔ میاں کپتان صاحب کا یہ خبڈیلی آرڈر پورا کیا گیا، ٹیم کھیل اور جیت گئی۔ کپتان صاحب نے سب کو دعوت دی اور بھرے مجمع میں کہا "انگنو کا شکریہ!"

اکثر سوچتا ہوں کہ دھوبی اور لیڈر میں اتنی مماثلت کیوں ہے۔ دھوبی لیڈر کی ترقی یافتہ صورت ہے یا لیڈر دھوبی کی! دونوں دھوتے پچھاڑتے ہیں۔ دھوبی گندے چکیٹ کپڑے علیحدہ لے جا کر دھوتا ہے اور صاف اور اُجلا کر کے دوبارہ پہننے کے قابل بنا دیتا ہے۔ لیڈر بر سرِ عام گندے کپڑے دھوتا ہے اور گندگی اچھالتا ہے washing dirty linen in Public کا یہی تو مفہوم ہے۔ لیڈر کا مقصد نجاست کو دور کرنے کا اتنا نہیں ہوتا جتنا نجاست پھیلانے کا۔ دھوبیوں کے لیے کپڑے دھونے کے گھاٹ مقرر ہیں لیڈر کے لیے پلیٹ فارم حاضر ہیں۔ اس میں شک نہیں کہ دھوبی کپڑے پھاڑتا ہے، غائب کر دیتا ہے اور ان کا آب و رنگ بگاڑ

دیتا ہے۔ لیکن لیڈر کی طرح وہ گندگی کو پائدار یا رنگین نہیں بناتا، نہ متعدی کرتا ہے۔

ہمارے معلّم بھی دھوبی سے کم نہیں۔ وہ شاگرد کو اسی طرح دھوتے پچھاڑتے مروڑتے اور اس پر استری کرتے ہیں جیسے دھوبی کرتا ہے۔ آپ نے بعض دھوبیوں کو دیکھا ہوگا جو دھلائی کی زحمت سے بچنے اور مالک کو دھوکا دینے کے لیے سفید کپڑے پر نیل کا ہلکا سا رنگ دے دیتے ہیں۔ دھوبی کو اس کی مطلق پروا نہیں کہ سر پر سے گھما گھما کر کپڑے کو پتھر پر پٹکنا اینٹھنا اور نچوڑنا اور اس کا لحاظ نہ کرنا کہ کپڑے کے تار و پود کے رنگ کا کیا حشر ہوگا، بٹن کہاں جائیں گے، لباس کی وضع قطع کیا سے کیا ہو جائے گی، استری ٹھیک گرم ہے یا نہیں ٹھنڈی استری کرنا چاہیے یا گرم۔ بالکل اسی طرح معلّم کو اس کی پروا نہیں کہ طالب علم کس قماش کا ہے اس پر کیا رنگ چڑھا ہوا ہے، اور اس کے دل و دماغ کا کیا عالم ہے وہ اسے دے دے مارتا ہے اور پھر کس نکال دیتا ہے۔ وہ طالب علم کی استعداد اس کے میلانات اور اس کی الجھنوں کو سمجھنے کی کوشش نہیں کرتا۔ صرف اپنا رنگ چڑھانے کی کوشش کرتا رہتا ہے چنانچہ گاذری کے سارے مراحل طے کرنے کے بعد جب طالب علم دنیا کے بازار یا گاہک کے ہاتھ میں آتا ہے تو اس کا جسم، ذہن و دماغ سب جواب دے چکے ہوتے ہیں۔ اس پر رنگ بھی ناپائدار ہوتا ہے۔ کلف دے کر اس پر جو بے تکی اور بے تکان استری کی ہوتی ہے وہ حوادثِ روزگار کے ایک ہی چھینٹے یا جھونکے سے بدرنگ اور کاواک ہو جاتی ہے۔ دھوبی کی یہ روایات معلّمی میں پورے طور پر سرایت کر چکی ہیں۔

ہندوستانی دھوبی کے بارے میں آپ نے ایک مشہور ستم ظریف کا فقرہ سنا ہوگا جس نے اس کو کپڑے پچھاڑتے دیکھ کر کہا تھا کہ دنیا میں عقیدہ بھی کیا چیز ہے، اس شخص کو دیکھیے کپڑے سے پتھر توڑ ڈالنے کے درپے ہے۔ اگر ستم ظریف نے ہندوستانی شعرا یا عشاق کا مطالعہ کیا ہوتا جو سنگِ سجدہ سے محبوب کا سنگِ آستاں گھس کر غائب کر دیتے ہیں تو اس پر معلوم نہیں کیا گزر جاتی۔ یہ تو پرانے شعرا کا وطیرہ تھا حال کے شعرا کا رنگ کچھ اور ہے۔ انھوں نے سوسائٹی کے میلے گندے کپڑے شارعِ عام پر دھونے پچھاڑنے کا نیا فن ایجاد کیا ہے۔ اس قبیل کے شعرا سوسائٹی کی خرابیوں کو دور کرنے کے لیے اتنے

قائل اور شاید قابل بھی نہیں رہے ہیں جتنا ان خرابیوں کا شکار ہو چکے ہیں یا اس کی صلاحیت رکھتے ہیں۔ وہ ان خرابیوں کی نمائش کرنے اور اس کو ایک فن کا درجہ دینے کے درپے ہیں۔ کمزوریوں کو تسلیم کرنا اور ان کو دور کرنے کی کوشش کرنا مستحسن آثار ہیں لیکن ان کو آرٹ یا الہام کا درجہ دینا کمزوری اور بدتوفیقی ہے۔ شاعری میں دھوبی کا کاروبار برا نہیں لیکن دھوبی اور دھوبی کے گدھے میں تو فرق کرنا ہی پڑے گا!

میرا ایک سے سابقہ رہا ہے جسے بہانے تراشنے میں وہ مہارت حاصل ہے جو اردو اخبارات و رسائل کے ایڈیٹر کو بھی نصیب نہیں۔ پرچہ کے توقّف سے شائع ہونے پر یا بالکل نہ شائع ہونے پر یہ ایڈیٹر جس جس طرح کے عذر پیش کرتے ہیں اور عاشقانہ شعر پڑھتے ہیں اور فلمی گانے سناتے ہیں وہ ایک مستقل داستان ہے اور فن بھی۔ لیکن میرا دھوبی اور اس کی بیوی جس قسم کے حیلے تراشتے ہیں وہ انھیں کا حصّہ ہے۔ مثلاً موسم خراب ہے اس کے یہ معنی ہیں کہ دھوپ نہیں ہوئی کہ کپڑے سوکھتے یا گرد و غبار کا یہ عالم تھا کہ دُھلے بن بن دَھلے ہو گئے یا دھوپ اتنی سخت تھی کہ دھونے کے لیے کپڑے کا تر کرنا محال ہو گیا! صحت خراب ہے یعنی دھوبی یا دھوبن یا اس کے لڑکے بالے یا اس کے دور و نزدیک کے رشتے دار ہر طرح کی بیماریوں میں مبتلا ہیں۔ قسمت خراب ہے یعنی ان میں سے ایک ورنہ ہر ایک مر گیا۔ زمانہ خراب ہے، یعنی چوری ہو گئی، فوجداری ہو گئی یا گدھا کانجی ہاؤس بھیج دیا گیا۔ کپڑا خراب ہے یعنی پھٹ گیا بدرنگ ہو گیا یا گم ہو گیا۔

عاقبت خراب ہے یعنی ریڈیو پر طرح طرح کی خبریں آتی ہیں اور مٹی خراب ہے۔ یعنی وہ میرے کپڑے دھوتا ہے۔ میرے خلاف اور غالباً ناظرین میں سے بھی بعض حضرات کے خلاف دھوبیوں کو یہ شکایت ہے کہ میں کپڑے اتارنے اور دھوبی کے سپرد کرنے میں زیادہ دیر لگاتا ہوں یہی نہیں بلکہ دھوبی کے حوالہ کرنے سے پہلے وہ لوگ جو دھوبی نہیں ہیں یا دھوبی سے بھی گئے گزرے ہیں میرے اترے ہوئے کپڑوں کا میل دور کرنے کی اپنے اپنے طور پر کوشش اور تجربے کرتے ہیں۔ کوئی جوتا رگڑ کر کوئی کھانا پیالی پلیٹ اور دیگچی پونچھ کر کوئی جھاڑو کا کام لے کر کوئی آلو ٹماٹر اور کوئی لنگوٹ باندھ کر اور

جب یہ تمام تجربے یا مراحل طے ہو لیتے ہیں تو وہ کپڑے دھوبی کے حوالے کیے جاتے ہیں۔

دنیا کو رنگ برنگ کے خطروں سے سابقہ رہا ہے۔ مثلاً لال خطرہ، پیلا خطرہ، کالا خطرہ، ان سے کسی نہ کسی طرح اور کسی نہ کسی حد تک گلوخلاصی ہوتی رہتی ہے لیکن یہ دھوبی خطرہ زندگی میں اس طرح خارش بن کر سما گیا ہے کہ نجات کی کوئی صورت نظر نہیں آتی بمصیبت و مایوسی میں انسان توہم پرست ہو جاتا ہے اور ٹونے ٹوٹکے اور فال تعویذ پر اتر آتا ہے۔ میں نے دھوبی کو ذہن میں تول کر غالب سے رجوع کیا تو فال میں یہ مصرعہ نکلا:

تیرے بے مہر کہنے سے وہ تجھ پر مہرباں کیوں ہو

گھبرا گیا لیکن چونکہ غالب یہ بھی کہہ چکے تھے کہ اگلے زمانے میں کوئی میر بھی تھا۔ اس لیے میر صاحب کی خدمت میں حاضر ہوا۔ وہاں سے یہ جواب ملا۔

ہم ہوئے تم ہوئے کہ میر ہوئے

اسی دھوبی کے سب اسیر ہوئے!

بایں ہمہ دھوبی جس دن دھلے کپڑے لاتا ہے اور میلے کپڑے لے جاتا ہے۔ مجھے ایسا محسوس ہوتا ہے جیسے گھر میں برکتیں آئیں اور بلائیں دور ہوئیں۔ چاندنی، چادریں، غلاف، پردے، دسترخوان، میزپوش سب بدل گئے۔ نہا دھو کر چھوٹے بڑوں نے صاف ستھرے کپڑے پہنے۔ طبیعت شگفتہ ہو گئی اور کچھ نہیں تو تھوڑی دیر کے لیے یہ محسوس ہونے لگا کہ زندگی بہرحال اتنی پُرمحن نہیں ہے جتنی کہ بتائی جاتی ہے۔

وکیل صاحب

متعدد ناکام حملوں کے بعد ایک روز جون کے مہینے میں معلوم ہوا کہ ہمارا ہیرو یونیورسٹی سے "حق بخشوانے" میں کامیاب ہوا اور ایک نیا سوٹ، پرانی ٹائی اور اس سے پرانی ٹوپی جو ایامِ دماغ سوزی کی "تفسیرِ روغنی" ہو کر رہ گئی تھی زیبِ سر کر کے کلکٹر صاحب کے بنگلے سے لے کر نینی تال کی بلندیوں تک ڈپٹی کلکٹری کا گز بن گیا تھا۔ گرمی کا موسم جنون و مراق کے لیے مضر ہوتا ہے۔ اسی لیے نینی تال، مسوری، شملہ، کسولی وغیرہ میں جب دو ایک گرمیاں سر سے گزر جاتی ہیں تو بقول شخصے "مغز کی گرمی" چھٹ جاتی ہے، مکان واپس آتے ہیں۔ والدین جو بی اے پاس ہو جانے کے بعد قانون پڑھانا اتنا ہی ضروری سمجھتے ہیں جتنا حکما منضج کے بعد مسہل دینا اور لیڈرانِ قوم اسپیچ کے بعد چندہ لینا، ان کو قانون کا امتحان پاس کرنے پر مجبور کرتے ہیں۔ یہ بھی ایک مدت کی سرگرانی کے بعد "نے محقق بود نہ دانش مند" ہو کر واپس آئے۔ اب جو دیکھیے تو ایک ٹوٹے ہوئے سائبان میں ایک خانہ ساز کرسی پر بیٹھے ہوئے ہیں۔ سامنے ان کے خیالات کی طرح ڈانواں ڈول ایک میز ہے جس کا ایک پاؤں کسی حادثے کی نذر ہو گیا تھا، اس کے نیچے تین اینٹیں تلے اوپر رکھی ہوئی ہیں۔ اوپر تین چار کتابیں، جن کو دیکھ کر دل ہی دل میں کڑھتے تھے

اتنے میں ایک گاؤں سے کوئی دہقان اونچی دھوتی، کندھے پر لاٹھی اور لاٹھی کے سرے پر اس کا ایک جوڑا جوتا، جس پر تیل اور گرد کی تہیں جم چکی تھیں، پشت پر پیتل کا ایک لوٹا اور ایک میلی مختصر پوٹلی باہم دست و گریباں، کچھ بوکھلایا ہوا کچھ چوکنا رک رک آتے ہوئے دیکھا۔ فوراً سب سے موٹی کتاب کو اس بدحواسی کے ساتھ کھینچ کر بیچ میں سے پڑھنا شروع کردیا کہ دوسری کتابیں میز پر منتشر ہوگئیں۔ اس خلفشار میں میز کا پایہ اینٹ پر سے کھسک گیا لیکن ڈگمگاتی ہوئی میز کو ایک طرف سے اپنے پاؤں پر سنبھال کر فوراً دریائے فکر میں غوطے لگانے لگے، ساتھ ہی ساتھ، کنکھیوں سے دہقانی کو بھی دیکھتے جاتے تھے۔ بدقسمتی سے اس کا رخ دوسری طرف مائل ہوگیا۔ انھوں نے مایوسی سے کتاب کو میز پر پٹک دیا میز پہلے ہی سے ڈگمگا رہی تھی، ہل چل سے قلابازی کھا گئی، قہرِ درویش برجانِ درویش، سر جھکائے ہوئے کیل کانٹے درست کر رہے تھے کہ ایک دوسرا موکل نظر آیا۔ معاً اپنی حالتِ زار کا اندازہ کیا اور سر اٹھا کر کرسی پر واپس آنا چاہتے تھے لیکن یہ بھول گئے کہ سر میز کے نیچے ہے، اُٹھے تو سر میز سے ٹکرا گیا۔ کسان قریب آیا۔ چوٹ کی وجہ سے ایک ہاتھ مقامِ ماؤف پر، آنکھیں ڈبڈبائی ہوئیں۔ کچھ خفت کچھ غصہ لیکن یہ سب حالتیں اُس امید پر قابلِ برداشت تھیں جو نووارد کی ذات سے وابستہ تھی۔ آنکھوں کے اشارے سے مطلب دریافت کیا۔ کون اندازہ کرسکتا ہے کہ اس نگاہ میں یاس و امید کے کیسے مدّوجزر اٹھ رہے تھے۔ کتنے ایسے ہیں جو اس بدنصیب کی ان مبارک اور خوش آئند امیدوں کا اندازہ لگا سکتے ہیں جو اس نے طالب علمی کے زمانے میں محنت اور کلفت کی گھڑیوں میں، شب کی تاریکی، صبح کی سپیدی اور شام کے دھندلکے میں مستقبل کے لیے قائم کر رکھی تھیں۔ نووارد نے ایک دوسرے وکیل کا پتہ دریافت کیا۔ غریب نے ایک طرف کو اشارہ کردیا۔ کسان روانہ ہوگیا۔ وکیل صاحب کی مایوس نگاہیں کچھ دور تک جانے والے کے ساتھ گئیں پھر ٹھٹک کر کہیں رہ گئیں۔

دن کے نو بجے ہیں۔ وکیل صاحب نے کچھ کھا پی کر بستہ سنبھالا۔ شہر کے چوراہے پر یکّے کے انتظار میں جا کھڑے ہوئے۔ ایک ہاتھ میں بدرنگ شکستہ چھتری، دوسرے میں بستہ بغل

میں چوغہ کی پوٹلی۔ یکہ والے ۲ آنے سواری پر مُصر یہ ڈیڑھ آنے سے زیادہ دینے پر تیار نہیں جتنے یکے والے سامنے سے گزرے سبھی سے ردّ و قدح ہوئی۔ کسی نے ان کا خیال نہیں کیا۔ کسی نے سخت و سست بھی کہہ دیا۔ غلط راستے پر کھڑے تھے ایک گھوڑے سے ٹکراتے بچے۔ کانسٹبل نے ڈانٹا اور یہ بے چارے سمٹ سمٹا کر ایک طرف ہو لیے۔ ایک نہایت حقیر اور شکستہ یکہ پر دو سواریاں پہلے سے موجود تھیں، اس میں ایک زنانی سواری بھی تھی۔ یکہ بان پیرِ فرتوت، بقول سودا گھوڑا ایسا جسے آگے سے توبڑا دکھلایا جائے اور پیچھے سے لاٹھی ماری جائے تو چلنے پر آمادہ ہو ورنہ پاؤں کے نیچے پہیے لگانے کی ضرورت ہو۔ بہ ہزار دقت ڈیڑھ آنے پر معاملہ طے ہوا۔ یکہ بان کے ساتھ تیسری سواری ہو کر بیٹھے۔ بستہ بغل میں سر پر چھتری۔ یکہ روانہ ہوا۔ گھوڑے کی چال ان سواریوں کی حالتِ زار کے مطابق تھی۔ ہر ایک پر وجد طاری تھا اور ہچکولوں کی تال و سم پر سر دھنتا تھا۔ یا وکیل صاحب ضابطۂ فوجداری یا ضابطۂ دیوانی کی معلوم نہیں کس دفعہ میں غلطاں و پیچاں تھے کہ گھوڑے نے ٹھوکر لی۔ بستہ مع پوٹلی کے زمین پر آ رہا۔ اور خود کہنیوں کے بل گھوڑے کی پیٹھ پر آ رہے۔

کرایہ کے یکّے اور گاڑیوں کو کچہری کے دروازے تک جانے کی اجازت نہ تھی۔ احاطہ کے باہر وکیل صاحب اتر گئے اور نظر بچاتے ہوئے کچہری کی عمارت میں آئے۔ بستہ عرائض نویسوں اور محرر کے بورے پر رکھا، پوٹلی سے نکال کر گاؤن زیبِ تن کیا۔ ایک مدت گزری کبھی اس چوغہ کا رنگ سیاہ تھا۔ امتدادِ زمانہ اور وکیل صاحب کے پیش رووں کی سرپرستی سے اس کی رنگت ان بالوں کی سی ہو گئی تھی جن پر عرصہ سے خضاب نہ لگایا گیا ہو۔ پچھلے دامن کی گوٹ علیحدہ ہو کر نیم بیضاوی شکل میں ان کی بے گناہی پر خندۂ دنداں نما تھی۔ اس دامن کی شہادت کے بارے میں بعض اشخاص شبہ ظاہر کرتے ہیں کہ یہ سعادت ایک موکل کی دراز دستی سے حاصل ہوئی تھی۔

وکیلوں کے کمرے میں پہنچے۔ یہاں کس کا کون پرسانِ حال ہوتا۔ سراپا بیکسی و درماندگی کی تصویر بنا ہوا ایک گوشہ میں بیٹھ کر سب سے سستے سگریٹ کی ڈبیا نکال کر

آخری سگریٹ پینے لگا۔ خیالات کا ہجوم، کمرے میں ہوا کا گزر نہیں۔ دھوئیں کے حلقے فضا میں تحلیل ہو رہے تھے سگریٹ کی راکھ میز کے کنارے سے لگا کر گراتا جاتا تھا۔ دوسرے وکلا ہنس بول رہے تھے، شور پکار سے کمرہ گونج رہا تھا۔ سامنے ایک بوڑھے بنگالی وکیل کرسی پر بیٹھے ہوئے تھے۔ ایک میلا بھدے قسم کا کوٹ، اسی کپڑے کا پائجامہ، پاؤں میں کریپ سول کا ایک پرانا جوتا۔ کاغذ کے ایک خول پر چلم رکھ کر مسلسل کش لگا رہے تھے اور نظر مسل پر لگی ہوئی تھی۔ چاروں طرف موکل جھکے ہوئے تھے۔ کچھ نوجوان وکیل ارد گرد بیٹھے ہوئے تھے جن کو وہ کبھی کبھی بنگلہ زبان میں کچھ نہ کچھ سمجھاتے جاتے تھے تھوڑی دیر میں ایک شخص ہانپتا کانپتا کمرے میں آیا اور کہنے لگا "حضور پکار ہو رہی ہے" بوڑھا بنگالی اجلاس پر پہنچا۔ چپراسی نے جھک کر سلام کیا اور اس نے پہنچ کر دو ہی ایک جملے کہے، مقدمے کی سماعت ملتوی کر دی گئی، تاریخ بھی بدل دی گئی۔ روپیوں کے بوجھ سے بنگالی وکیل کی مضبوط جیب کسی قدر اور لٹک گئی۔ اسی دوران میں حلوائی کا چھوٹا لڑکا پیپل کے ایک ہی پتّے کے ہرے دونے میں دو گلاب جامن لایا۔ پیتل کے منجھے ہوئے لوٹے میں پانی بھرا ہوا تھا بنگالی وکیل نے کریپ سول کا جوتا علیحدہ کیا۔ دونوں گلاب جامنوں کو داہنے ہاتھ کی انگشتِ شہادت اور انگوٹھے سے اٹھا کر ٹھیک حلق کے اندر یکے بعد دیگرے ٹپکا دیا، پورے لوٹے کا پانی ایک سانس میں پی گیا۔ انگوٹھے کو منہ سے،

منہ کو انگوٹھے سے پونچھا اور مسلوں کی ورق گردانی میں مصروف ہو گیا۔ کوئی اندازہ نہیں کر سکتا کہ یہ شخص کتنی دولت کا مالک تھا۔ رائے بہادر سی۔ آئی۔ ای پانچ ہزار روپیہ ماہوار آمدنی اور بنک آف انگلینڈ میں دس لاکھ کا حصہ دار۔

" ...... حاضر ہے" عدالت میں پکار ہوئی چپراسی نے کرخت آواز میں مستغیثہ کو آواز دی۔ ایک غریب نوجوان شریف عورت میلے کچیلے لباس میں عدالت کے دروازے پر متوحش کھڑی تھی اس بدنصیب سے چپراسی کو کوئی رقم وصول نہیں ہوئی تھی۔ بڑے سخت لہجے میں پوچھا "تیرا وکیل کون ہے" غریب عدالت سے ناواقف، طرح طرح کے لوگوں کا ہجوم، عدالت کا ایوان، ہر طرف دوڑ دھوپ اور ڈانٹ ڈپٹ، یہ غریب ایک دور افتادہ گاؤں کی رہنے والی جس نے سادہ دل کسان اور مویشیوں کے علاوہ کچھ اور نہیں دیکھا تھا۔ اس ہنگامے

سے اور زیادہ مبہوت ہوگئی۔ چپراسی نے جواب نہ پاکر دھتکار دیا۔ سامنے سے ایک وکیل کا گزر ہوا۔ سر چھوٹا پیٹ بڑا۔ نیت کھوٹی آواز بھاری۔ عورت نے آنکھوں سے اپنی کس مپرسی کی خاموش داستان سنا دی۔ وکیل اس عورت کی طرف سے اسی مقدمے کی پیروی کر چکا تھا۔ عورت کی بے بسی کو نظر انداز کر کے فیس کا طالب ہوا۔ غریب نے ہزاروں منتیں کیں، بیوگی اور بے مائگی کا سانحہ غم رو رو کر کہہ سنایا لیکن وکیل نے توجّہ نہ کی اور آگے بڑھ گیا۔ غریب نے ایک بار پھر عدالت تک پہنچنا چاہا لیکن چپراسی سختی سے مانع ہوا اور مقدمہ عدم پیروی میں خارج ہوگیا۔

ایک اور وکیل صاحب کلکتہ ہائی کورٹ میں مدّت تک کام کر چکے تھے زمانے کی گردش سے مفلوک الحال ہوگئے تھے زندگی کا آفتاب لب بام تھا۔ کھولت اور کمزوری کے باعث نشست و برخاست میں بھی دقّت ہوتی ہے لیکن قانون کے روگ میں اب تک مبتلا ہیں۔ عدالت میں ان کا وجود سب پر وبال ہے۔ وکلا، یا حکام کی لائبریری میں ان کا گذر ہوتا ہے تو لوگ بے رخی سے پیش آتے ہیں۔ تازہ نظائر کے مطالعہ کے شائق ہیں اور ان کا خلاصہ اپنی اس نوٹ بک میں درج کرتے جاتے ہیں جس کے اطراف کی جلد مدّت ہوئی حق رفاقت ادا کر کے واصل بحق ہو چکی ہے اور ادھر ادھر کے دس بیس اوراق بھی غائب ہو چکے ہیں۔ ہاتھ میں میلے اور مل گجے کاغذات کا ایک پلندہ رہتا تھا جس کے متعلق لوگوں کا یہ خیال تھا کہ ان کے ابتدائی زمانہ کے وہ پراسرار کاغذات تھے جن کی نسبت یقین کے ساتھ کوئی رائے قائم نہیں کی جا سکتی تھی۔ ملکی مسائل اور سیاسی اصول پر اس سرگرمی اور جوش کے ساتھ گفتگو کرتے کہ لوگ متحیر رہ جاتے۔ قانونی نکات خوب سمجھتے تھے لیکن ان کا حلیہ ان کی حالت، ان کی کہولت کچھ ایسے اسباب تھے کہ ان کی طرف کوئی رخ نہیں کرتا تھا۔

ان کی وضعداری کو دیکھئے دس بجے دن سے پانچ بجے شام تک نچلے نہ بیٹھتے اور کبھی ایک پیسہ نہ کمایا۔ شام کو گھر کی مراجعت کرتے تو آدھ گھنٹے سے کم وقت کرایہ چکانے میں صرف نہیں کرتے تھے۔ یکہ والے ان کی صورت دیکھ کر پناہ مانگتے تھے۔ یہ الف لیلیٰ کے اس تسمہ پا بوڑھے کی مانند تھے جس کے پاؤں جس کسی کی

گردن میں حائل ہو جاتے تھے اس کی جان لے کر چھوڑتے تھے۔

وکلاء کے کمرے سے علٰیحدہ محرّروں اور عرائض نویسوں کی نشست گاہ سے متصل ایک صاحب قابلِ توجہ ہیں جو منصفی کے وکیل ہیں سر پر چٹھے جو بیچ سے علٰیحدہ کر دیے گئے تھے، بال خضاب سے سیاہ، چہرے پر جھرّیاں، آنکھوں میں سرمے کی تحریر۔ ململ کی بندار اچکن زیبِ تن۔ عمامہ برفرق۔ جیسے ابھی کہیں سے عقد پڑھا کر چھوہارے لیے ہوئے چلے آرہے ہیں۔ بڑی مہری کا پاجامہ جس میں چار انگل چوڑی گوٹ لگی ہوئی حاشیہ کے اندر سرخ ڈورے دے دیے گئے تھے۔ اردو کی قانونی کتابوں کا البتہ سامنے تھا جس میں عرضی دعوے وغیرہ لکھنے کے مجرب نسخے تہہ کیے ہوئے رکھے تھے۔ کہا جاتا ہے ان کے شاگرد ہمارے وہ وکیل صاحب بھی رہ چکے تھے جن کا ذکر ابتدا میں آیا ہے۔ ایک شاگرد مسودہ لے کر اصلاح کے لیے حاضر ہوئے، انھوں نے دبیز شیشوں کی عینک ناک کے کنارے پر رکھ کر میلے کچیلے ڈورے سر کے پیچھے کھسکا کر باندھ دیے۔ کاغذ کو ہاتھ میں لے کر انتہائی فاصلے سے پڑھنا شروع کیا، پہلے ہی لفظ پر رکے، مسودہ زمین پر ٹپک دیا۔ عینک لکڑی کے ایک خول میں جس کا ڈھکنا اسی وقت سے غائب تھا جب سے وکیل صاحب نے اس وادی میں قدم رکھا تھا، بند کر دی گئی۔ غریب شاگرد گھبرا گیا۔ کچھ دیر تک وکیل صاحب پیچ و تاب کھاتے رہے۔ آخر کار شاگرد نے ڈرتے ڈرتے عتاب کی وجہ دریافت کی تو فرمایا۔ "میاں تمھیں عرضی دعویٰ لکھنا کیا آئے گا خاک، مدتوں سے ساتھ ہوں اتنا مغز مارتا ہوں لیکن تمھارے دماغ میں کوئی بات نہیں گھستی۔ بس اب ہو چکا، بدنامی مول لینا نہیں چاہتا۔"

شاگرد: "آخر کیا غلطی ہوئی، میں نے حتی الوسع نہایت کوشش سے مسودہ تیار کیا ہے۔"

وکیل صاحب: "اچھا تو ایک موقع اور دیتا ہوں، غور سے پڑھ جاؤ سامنے ہی غلطی ہے، ہاں شاباش!" شاگرد ایک ایک لفظ غور سے پڑھ گیا، مسودے کو الٹ پلٹ کر دیکھتا رہا لیکن کوئی غلطی نہ پاکر کاغذ واپس کر دیا۔ اور عرض کیا: "وکیل صاحب مجھے تو اب بھی کوئی غلطی نظر نہ آئی۔"

وکیل صاحب برافروختہ ہو کر بولے "کیوں خلاصہ فریاد ہے، کہاں لکھا ہے بسم اللہ ہی

غلط۔ شاگرد خاموش ہو گیا اور مایوس و ملول گھر واپس آیا۔ ایک بی بی دو بچے موجود تھے۔ بچے دوڑ کر لپٹ گئے جیبوں میں ہاتھ ڈال دیے "ابا میرے لیے کیا لائے ہیں ہم تو آج ناشپاتی ضرور لوں گی، اماں پیسے نہیں دیتیں کہتی ہیں ابا کچہری سے ناشپاتی لائیں گے چھوٹی لڑکی ماں کے پاس سے دوڑ کر بدقسمت باپ کے گھٹنوں میں لپٹ گئی۔ ابا کچہری نہ جایا کرو۔ تم نہیں تھے، فاطمہ کی ماں رمضانی، آن کر اماں سے روپے مانگتی تھی اور جب اماں نے کہا کہ تم کچہری سے آن کر دے دو گے تو وہ بہت بگڑی اور شور مچانے لگی۔ اماں اب تک رو رہی تھیں، کھانا بھی نہیں کھایا ہے۔ کچہری سے آتے ہو تو بیمار معلوم ہوتے ہو۔ میرے ساتھ دن بھر رہا کرو ہم تم ساتھ جھولا جھولیں گے۔ کیوں اماں اب ابا بھی ساتھ رہیں گے تو گھر میں آکر کوئی شور نہیں مچائے گا۔"

بیوی جو اُن کے لیے چشم براہ تھی ناہموار قدموں کی چاپ سن کر سمجھ گئی کہ آج بھی حالات میں کوئی امید افزا تبدیلی نہیں ہوئی تھی لیکن متبسم ہو کر خیر مقدم کیا۔ بیوی کے اس انداز پذیرائی سے شوہر کے جذبات متلاطم ہو گئے اس نے بچوں کو گود میں لیا اور پرنم آنکھوں سے بیوی کی طرف دیکھتے ہوئے بولا "خدا کا شکر ہے میری قسمت قابلِ رشک نہیں۔"

اپنی یاد میں

دیوتاؤں کے بارے میں مشہور ہے کہ وہ جسے عزیز رکھتے ہیں، اسے دنیا سے جلد اٹھا لیتے ہیں۔ دیویوں کے بارے میں سنا ہے کہ وہ جس کو عزیز رکھتی ہیں اسے کہیں کا نہیں رکھتیں۔ خود اپنے بارے میں کہہ سکتا ہوں کہ دیویوں کو عزیز رکھنے کا سودا برا نہیں! مجھے اپنی پیدائش اور وفات دونوں کا علم نہیں۔ ان سانحات کے وقت دنیا میں کوئی انقلاب رونما نہیں ہوا۔ ظاہر ہے جب تک انقلاب نہ ہو پیدائش اور وفات دونوں عبث۔ میں نے شعر تمام عمر نہیں کہے۔ غلط البتہ پڑھ سکتا تھا۔ نثر لکھتا رہا۔ بعضوں کا خیال ہے کہ شاعری آتی ہو تو انقلاب پیدا کرنے کا امکان کم، ارمان بڑھ جاتا ہے۔ غرض تمام عمر میں اور انقلاب ایک دوسرے سے بدگمان رہے۔ میری زندگی میں شاعر انقلاب پیدا ہونے لگے تھے لیکن جس وقت میں نے ان کو چھوڑا ہے تو وہ سربکف تھے اور انقلاب سر بگریباں!

میں نے نثر میں جو کچھ لکھا اور بکثرت لکھا وہ اردو داں طبقے کے سامنے ہے۔ ہر طرح کی زندگی بسر کی اور ہر طرح کے لوگ دیکھے۔ آپ منتظر ہوں گے کہ میں اپنے مضامین کے بارے میں کچھ اعترافات کروں لیکن اعتراف کرنے سے پہلے ایک بات کھٹکتی ہے۔ دل

کی کھٹک میں مرنے کے بعد بھی ساتھ لایا ہوں۔ وہ یہ کہ عام طور پر دیکھا یہ گیا ہے کہ مرتے وقت آدمی جو کچھ بیان کرتا ہے، وہ سچ ہو یا نہ ہو عدالت اسے سچ تسلیم کرتی ہے۔ لیکن سوال یہ ہے کہ اگر کوئی شخص مرجانے کے بعد بیان دے تو آپ اسے سچ مانیں گے یا جھوٹ۔ اس سوال کا جواب دینے میں آپ کو مشکلات کا سامنا ہو یا نہ ہو کراماً کاتبین کو یقیناً ہوگا۔ آپ ہنسیں گے کہ مرنے کے بعد کراماً کاتبین کیوں اور کیونکر۔ لیکن آپ تو جانتے ہیں تحریروں میں "مکرر آنکہ" کا بھی ایک مقام ہے۔

مرنے کے بعد جو دقتیں پیش آتی ہیں، ان میں ایک کا اور اضافہ کر دیا گیا ہے یعنی اپنی یاد میں مبتلا ہو جاؤ اور دوسروں کو ہنسنے کا موقع دو۔ مرنے کے بعد ہنسنے کا موقع دینا کوئی قابلِ فخر بات نہیں ہے لیکن یہ کوئی ایسی بات بھی نہیں ہے جو مجھے یا میرے ہی جیسے کسی دوسرے کو اپنی حرکات سے باز رکھ سکے۔ زندگی میں ہنسانا مجھے پسند تھا مرنے کے بعد رُلانا بالکل پسند نہیں۔ لیکن اگر رونا کسی کا پیدائشی حق ہو تو اس میں مخل بھی نہ ہوں گا البتہ کوئی بے سمجھے ہنس پڑے تو لڑ پڑوں گا اگر فی الفور مر نہ گیا۔ موت کا علم کسی کو نہیں گو موت سب کو آتی ہے۔ یہ شروع میں کہہ آیا ہوں لیکن جہاں میں ہوں (فوجی ہی نہیں مذہبی نقطۂ نظر سے بھی آج کل مقام کا اتا پتا دینا خلافِ مصلحت ہے)، وہاں افواہ یہ ہے کہ میری موت واقع اس لیے ہوئی کہ ایک کور ذوق بغیر کچھ سمجھے محض احتیاطاً میری بات پر ہنس پڑا۔ اس کا خیال تھا کہ چونکہ میں نے بات کہی ہے اس لیے وہ یقیناً کوئی ہنسی کی بات ہوگی! فریقین کے لیے یہ ڈوب مرنے کا مقام تھا چنانچہ میں نے ڈوبنے کا انتظار نہ کیا، بس مرگیا! اربابِ فن دفتن کو گوارا نہ ہوا کہ "مرگیا کچھ نہ گیا" کا الزام مجھ پر لگایا جاتا۔ انھوں نے سب سے پہلے مجھے زندگی کے الزام سے بری کر دیا۔ اس کے بعد متوقع ہیں کہ میں "بیانِ استغاثہ" یا "جوابِ ملزم" کے طور پر آپ کے سامنے کچھ عرض کروں۔

ہنسنے ہنسانے کی علت نے زندگی کے آخری دور میں مجھے کٹکھنا بنا دیا تھا۔ یہ کوئی نئی بات نہ تھی۔ بڑھاپے میں جب دانت مفارقت کر جاتے ہیں تو کٹکھنے پن سے اس کی تلافی ہوتی رہتی ہے۔ میں مرنے سے پہلے ادھ موا ہو چکا تھا۔ مجھ پر ایسے لوگوں کی ٹھٹھول بڑی شاق ہوتی

تھی جن کو بات کرنے کی تمیز نہ تھی۔ وہ بات اس طور سے کرتے تھے جیسے ان جیسا خوش مذاق یا خوش مذاقوں کا مربی و محسن کوئی دوسرا نہ تھا۔ دوسری طرف میں چاہتا تھا کہ وہ اپنی غرض مجھ سے جلد سے جلد بیان کر دیں جو مجھ سے پوری نہ ہو سکے تو بھی اس کو پورا کرنے کا جھوٹا حلف اٹھالوں گا لیکن وہ برابر مذاقیہ جملے فرماتے اور گنواروں کی طرح ہنس ہنس کر اپنے آپ کو داد دیتے جاتے! میں چاہتا تھا کہ وہ بزلہ سنجی اور بدیہہ گوئی سے باز آکر مجھے جلد سے جلد گولی مار دیں لیکن وہ "مزاح المزارعین" سے باز نہیں آتے تھے نتیجہ یہ ہوتا تھا کہ جتنا وقت وہ مسخرگی کے مظاہرے میں صرف فرماتے اس سے کچھ زیادہ وقت میں اپنے دل کو مضبوط کرنے پر صرف کرتا تھا کہ سب کچھ کروں گا انہی کا کام نہ کروں گا۔ بالآخر وہ مانگتے قرض اور میں کچھ نہ کر پاتا ان کا سوا اس کے کہ دوسروں سے قرض لے کر ان کے حوالہ کر دوں۔ چوں کہ قرض لینے کے بعد وہ میرا، میں ان کا سامنا نہ کر سکتے۔ اس لیے فرشتے اس حادثہ کو لکھتے میرے اعمالنامے میں اور کاٹتے میرے معترضوں کے اعمالنامے سے۔

ایک دوسری دقت یہ ہے کہ میں اپنے فن یا موضوع یا اسلوب کے بارے میں گفتگو کہاں سے اور کیسے شروع کروں۔ زندگی کا بیشتر اور بہترین حصہ پڑھانے اور لکھنے لکھانے میں صرف ہوا۔ کوئی طالب علم مجھ سے پوچھتا کہ اچھا لکھنا کیسے آئے گا، میں کہتا اچھے آدمی بن جاؤ اچھا لکھنے لگو گے، وہ مجھ پر ہنستا اور طرح طرح کے اقوال پیش کرتا۔ میں کہتا سیکھنے مجھ سے آئے ہو قول دوسرے کا پیش کرتے ہو۔ میرے لیے تو میرا ہی قول مستند ہے۔ وہ کہتا موتی پھر موتی ہے غواص کوئی ہو۔ میں کہتا غواص اور موتی میں ربط نہیں، تو پھر غواص چور ہے یا موتی جھوٹا۔ وہ اس پر جز بز ہوتا تو میں اس پر ہنستا اس لیے کہ میں جز بز ہوتا تو وہ ہنستا اور یہ مجھے گوارہ نہ تھا۔

میں مسلمان پیدا ہوا۔ نہ میری پیدائش میں میرا کوئی دخل تھا نہ مسلمان ہونے میں۔ لیکن زندگی بھر حسب منشا مجھے ہر بات میں دخل تھا یعنی خودکشی بھی کر سکتا تھا اور اسلام سے بھی منحرف ہو سکتا تھا۔ میں نے زندگی اور اسلام دونوں کو ایک ہی بات سمجھا ظاہر میں بھی، باطن میں بھی۔ مجھے اسلام کا پابند رہنے میں مرتے دم تک کبھی کوئی اہتمام نہ کرنا پڑا۔ بری بات کو میں نے ہمیشہ برا سمجھا اور ہر اچھی بات میں اسلام کو معاون پایا۔ کبھی کبھی ایسا بھی محسوس ہوا ہے کہ مسلمان نہ پیدا ہوتا تو بھی شاید مسلمان

ہی رہنا چاہیے مسلمان نہ کہلاتا۔ میں خدا سے سلوک کرنے پر ہمیشہ آمادہ رہا بغیر اس خیال کے کہ خدا میرے ساتھ کیا سلوک کرے گا یا خدا کا تصور ایک مسلمان کا کیا اور دوسرے کا کیا ہے قطع نظر اس سے کہ رسالتمآبؐ کا درجہ خدا نے کیا مقرر کیا تھا، رسالتمآبؐ کا تصور میرے ذہن میں ہمارے ہی جیسے ایک انسان کا تھا جس سے بڑے اور برگزیدہ انسان کا تصور میرے ذہن میں بھی کبھی نہ آیا۔ میں کیا اور میرا تصور کیا لیکن میرے لیے تو یہ ہیں، سب کچھ ہے۔

مجھے ابتدا ہی سے زندگی کے نشیب و فراز سے گزرنا پڑا۔ فراز کم نشیب زیادہ، گھر پر تھوڑی بہت فارسی پڑھ کر انگریزی اسکول میں داخل ہوا۔ سالہاسال اسکول میں اور چھ سال تک علی گڑھ کالج کے بورڈنگ ہاؤس میں رہا۔ بورڈنگ لائف کا ٹھپہ میری بقیہ زندگی پر گہرا اور نمایاں رہا۔ آسودہ حال ہونے کے باوجود جب علی گڑھ کی اصطلاح میں کافی "عیاشی" کرسکتا تھا، ایک مختصر کمرے میں اپنی ضروریات کا تمام سامان سموئے رکھتا تھا۔ سونے کا کمرہ، پڑھنے کا کمرہ، مہمان کا کمرہ، ملاقات کا کمرہ، کھانے کا کمرہ، لباس کا کمرہ، غسل خانہ، مودی خانہ، بساط خانہ بس یہی ایک کمرہ تھا۔ وہ چیزیں بھی اسی میں پناہ لیتیں جن کو گھر کے چھوٹے بڑے چلن سے دور یا چاکری سے معذور قرار دے چکے ہوتے۔ چنانچہ میں مہمان کی حیثیت سے کہیں جاتا اور میزبان میری پذیرائی اور طعام و قیام کا وسیع پیمانے پر اہتمام کرتا یا تکلف برتتا تو مجھے بڑی وحشت اور ذہنی تکلیف ہوتی میں کسی کا مہمان ہونا بڑی مشکل سے گوارا کرتا تھا!

اسکول میں ہاکی، کرکٹ، فٹ بال کا کیپٹن رہا۔ واقعہ یہ ہے کہ کھیلنے کا شوق مجھے علی گڑھ لایا لیکن آنا بڑی ہی کس مپرسی کے عالم میں ہوا تھا۔ وہ زمانہ علی گڑھ اور علی گڑھ والوں کی ایسی تمکنت و جلال کا تھا کہ کرکٹ ہاکی فٹ بال میں میرا کوئی پرسانِ حال نہ ہوا۔ ناچار ٹینس سیکھنی شروع کی اور کچی بارک (اب عثمانیہ) میں چارپائی ٹینس کلب کا خود رو ممبر ہو گیا۔ جال کے بجائے چارپائی کھڑی کرلی جاتی اور بارک کے سامنے ریت سے اٹے ہوئے میدان پر لوٹے سے پانی ڈال کر کورٹ بنالیا جاتا۔ ممبر ہر وہ شخص ہو سکتا تھا جس کے پاس چارپائی اور سکنڈ ہینڈ گیند ہو۔ آنریری ممبر وہ ہو سکتے تھے جو بیت الخلاء (جس کا نام اس زمانے میں برسر آفس بھی تھا) جاتے اور وہاں سے آتے وقت کورٹ کی مٹی اور روندی ہوئی لائن پر پانی ڈال کرلے سے پھر سے

نمایاں کردیتے!

انٹرنس کے بعد کلرکی کرلی تھی۔ کالج میں چھٹیاں ہوتیں تو کلرکی پر چلا جاتا ختم ہوجاتیں تو کالج چلا آتا۔ اس طور پانچ سال گزارے۔ دیوانی کی گشتی عدالتوں میں کلرکی کرکے بہت سے مقامات دیکھے اور عجیب وغریب تجربات حاصل ہوئے۔

زندگی کا سب سے وقیع حصہ علی گڑھ میں اور علی گڑھ کے لیے صرف ہوا۔ یہاں شہرت حاصل کی اور آسودگی پائی۔ یہاں کی فیض بخشیوں نے مجھے دوسروں کے فیض سے بے نیاز کردیا۔ علی گڑھ میری زندگی، میری شخصیت، میری تحریر میں جاری وساری رہا۔ بعض تنقید نگاروں نے میرے مضامین پر یہ اعتراض کیا ہے کہ ان میں علی گڑھ کی اتنی بہتات ہے کہ باہر والے ان کے سمجھنے سے قاصر رہتے ہیں۔ مجھے چاہیے کہ ہر مضمون کے ساتھ ایک فرہنگ کا اضافہ کردیا کروں۔ اعتراض صحیح ہے مشورہ غلط ہے۔ فرہنگ کے اضافہ کرنے کا کام میرا نہیں ہے اُن کا ہے جو میرے مضامین کو سمجھنا چاہتے ہیں۔

"اندازِ گل افشانیِ گفتار" مجھ میں علی گڑھ کے ہی "پیمانہ وصہبا" سے آیا۔ کسی معقول اجنبی سے ملتا تو بے اختیار سوال کرتا "علی گڑھ میں بھی پڑھا ہے"۔ وہ کہتا نہیں تو افسوس ہوتا، کیسی کمی رہ گئی!

میری تحریر میں علی گڑھ کی جو آب وہوا ملتی ہے اور بہتوں کو سازگار نہیں ہوتی، وہ ان تقریروں میں نہ ملے گی جو ریڈیو پر میں نے کی ہیں۔ ریڈیائی تقریروں میں بڑی رکاوٹیں تھیں ان میں فن کا حق نہیں ادا ہوسکتا تھا۔ یوں تو انیس نے بھی کہا ہے کہ "خیالِ خاطرِ احباب چاہیے کہیں ان آبگینوں کو ٹھیس نہ لگ جائے" لیکن ریڈیو نے خیالِ خاطرِ احباب کی خاطر اس درجہ احتیاط اور نزاکت برتی ہے اور ایسی ایسی ٹھیس بچاؤ تدبیریں وضع کردی ہیں کہ طنز وظرافت کے لیے فن اور زندگی دونوں کی وسعتیں تنگ ہوگئیں اور میرا حال "دست وبازم شکستند وکمانم دادند" کا مصداق ہوگیا۔ طنز وظرافت میں توانائی وزیبائی پیدا ہوتی ہے خیال ومقال کی آزادی سے۔ ضرورت سے زیادہ پابندیاں عاید کردینے سے موضوع، مقصد، فن، ہئیت سبھی مجروح ومفلوج ہوجاتے ہیں۔

فن کوئی خارجی چیز نہیں ہے۔ یہ خود صاحبِ فن کی زندگی اور کارکردگی کا حاصل بھی ہوتا ہے اور اس کا جزو بھی۔ یہ وہ خدمت اور عبادت ہے جس کے لیے وہ غیب سے مامور ہوتا ہے۔ ہر موجود یا ہر شخص کسی نہ کسی وظیفہ عبادت یا مشن کے لیے خلق کیا گیا ہے جس کے مطابق اس میں استعداد ودیعت کی گئی ہے اس کا فرض ہے کہ وہ اپنا مشن یا اپنی عبادت دریافت کرے اور اسے پورا کرے۔ اسی عبادت میں اس کی نجات مضمر ہے اگر وہ اپنی نجات چاہتا ہو۔ اسی طور پر ہنسنا ہنسانا بھی ایک عبادت ہے اور اس کا اجر اتنا ہی ہے جتنا کسی عبادت کا ہو سکتا ہے بشرطیکہ یہ عبادت اسی استقامت، خلوص خوب صورتی سے کی جائے جیسے دوسری عبادتیں کی جاتی ہیں۔

ظرافت یا طنز کوئی ایسی چیز نہیں ہے جو کسی چہار دیواری کے اندر خاص رسوم کے ساتھ کسی پیر یا پروہت کی نگرانی میں حاصل کی جائے۔ دوسرے فنون یا انسانی سرگرمیوں کی مانند ان کا سرچشمہ بھی زندگی کی ناقابلِ تسخیر اور ناپیدا کنار وسعتیں ہیں۔ کوئی شخص زندگی سے علیٰحدہ اور عقیدے سے بیگانہ رہ کر نہ فن کو پا سکتا ہے نہ اپنے آپ کو۔

ظرافت ہو یا عبادت اس کو زندگی ہی میں تلاش کرنا چاہیے۔ زندگی ہی سے اس کی آب یاری کرنا چاہیے اور زندگی ہی کے لیے اس کو کارآمد بنانا چاہیے۔ فن اگر زندگی سے ترقی پاتا ہے تو زندگی ہی کی تقدیس و ترفع اس کا مقصد ہونا چاہیے۔

طنز و ظرافت کے بارے میں میرا خیال ہے کہ یہ محض کتابیں پڑھنے، دوسروں کی نقل کرنے، بے وقوف بننے، بندھے ٹکے فقرے کہنے، بسورنے بھچرنے اور پینترے بدلنے سے نہیں آتی۔ میرے زمانے میں بہت سارے مزاح نگار پیدا ہو چکے تھے لیکن ان میں دو چار کے علاوہ کوئی ایسا نہ تھا جس کی کارگزاری کو امید افزا کہا جا سکتا۔ اس وقت کے عام فن کاروں کو بندہ بننے سے پہلے خدا بن جانے کا چسکا پڑ گیا تھا۔ ظرافت کا معیار 'پنچ' کا تھا۔ ظرافت کا جو رنگ و آہنگ میرے زمانے میں تھا اس سے میں اس نتیجہ پر پہنچا تھا کہ ممکن ہے ہندوستان کو آزادی جلد مل جائے، ظرافت دیر میں آئے گی۔

ظرافت میں طنز مضمر ہوتی ہے۔ طنز میں ظرافت کو داخل نہ کرنا چاہیے۔ میرے نزدیک

ظرافت طنز سے مشکل فن ہے ظرافت کے لیے خوش دلی آرزو اور مرحمت درکار ہوتی ہے طنز میں جوش، رنج، غصہ اور بیزاری کی کارفرمائی ہوتی ہے ظاہر ہے زندگی میں دونوں کا کیا مقام ہے۔ زندگی اور زمانہ کی مکروہات سے بیزار و بددل ہونا طیش میں آجانا دوسروں کو غصہ یا غیرت دلانا کوئی کارنامہ نہیں ہے۔ دوسری طرف خرابیوں کو دیکھ کر مسکرادینا اور دوسرں کو خواہ وہ کتنی ہی مصیبت و مایوسی میں کیوں نہ مبتلا ہوں اس پر آمادہ کردینا کہ وہ ہنس کھیل کر ان مصائب و مکروہات سے گذر جائیں اور بے دلی و بے زاری کو پاس نہ آنے دیں معمولی بات نہیں ہے۔ یہ بھی صحیح نہیں ہے کہ ایک طنز نگار جن فرائض کو جتنا جلد پورا کردیتا ہے ظرافت نگار نہیں کرسکتا میرا خیال ہے کہ اکبر کی ظرافت نے یکہ و تنہا جو کام کیا وہ بہت سے طنز نگار دل مل کر بھی نہ ہوسکا۔ مغربیت کی مضرتوں پر سب سے پہلا اور بھرپور وار اکبر کی ظرافت نے کیا۔ شبلی، ابوالکلام، ظفر علی خاں، محمد علی، عبدالغفار عبدالماجد وغیرہ کی آتش نوائی ونشتر زنی بعد کی چیزیں تھیں۔ ظرافت نگار کے لیے لازم ہے کہ وہ زندگی کے تمام نشیب و فراز سے گذرے مجبور ہوکر نہیں خوشی، فراخدلی، حوصلہ اور خلوص کے ساتھ ظرافت کی کوئی کان نہیں ہوتی جہاں یہ متاع مدفون ملتی ہو۔ یہ جواہر پارے ہر مقام پر ہوا اور حرارت کی مانند فضا میں سرایت کیے ہوئے ملیں گے۔ کوئی اور ہو یا نہ ہو ظریف اور طنز نگار کو مقامی نہیں آفاقی ہونا چاہیے۔

میں نے شاید ہی کوئی مضمون "خوشی خاطر" لکھا ہو۔ لکھنا اسی وقت شروع کیا جب ایسے لوگوں نے میری زندگی تلخ کردی جن کو میں عزیز رکھتا تھا یا جن سے ہر قیمت پر چھٹکارا حاصل کرنا چاہتا تھا۔ مضمون لکھ چکتا تو سمجھتا بڑا کام کیا ہے۔ اس سے دنیا میں تہلکہ مچ جائے گا لیکن اس کے شائع ہوتے ہی محسوس کرتا کہ مجھ جیسا مہمل نگار بھی شاید ہی کوئی اور ہو۔ چنانچہ میں نے اپنے چھپے ہوئے مضامین کو شاید ہی کبھی پھر سے پڑھا ہو۔ اگر کبھی ایسا کرنا پڑتا تو دو چار ہی فقروں کے پڑھنے کے بعد اپنے اوپر نفرین کرتا اور سوچتا کہ اس سے بدرجہا بہتر لکھ سکتا تھا۔ یہ میں نے کیا کیا۔ کچھ عرصے بعد دوسرا مضمون لکھتا تو پھر اسی یقین کے ساتھ کہ کوئی نہ کوئی تہلکہ ضرور برپا ہوگا۔ اسی طرح تمام عمر مضامین لکھتا رہا۔ تہلکہ کبھی برپا نہ ہوا اور "عجب آزاد مرد" نہ ہونے کے باوجود "حق مغفرت کرے" کا مجھ پر اطلاق ہوگیا۔

مجھے مضامین لکھنے میں اہتمام کرنا پڑتا تھا۔ اس کا اہتمام کہ کسی طرح لکھنے کا وقت ٹلتا رہے خواہ مخواہ اردگرد کی صفائی میں، جو باتیں مدتوں سے التوا میں تھیں ان کے پورا کرنے میں سرگرمی، جزئیات میں انہماک، وغیرہ اس طرح کی حرکتوں میں لکھنے کا وقت نکل جاتا تو اپنے کو آفریں کہتا کہ کام کے اتنے اور ایسے ہجوم میں کون شخص مضمون لکھ سکتا تھا۔ پھر حرج ہی کیا ہے مضمون نہ لکھا گیا نہ سہی کتنے اور ضروری کام کر ڈالے۔ کچھ دنوں بعد پھر جبراً قہراً لکھنے بیٹھتا ذہن میں یہ وسوسہ پیدا ہوتا کہ پہلے گرد و پیش کی جس طرح چول بٹھائی گئی تھی وہ بگڑ چکی ہے پھر سے درست کرنا چاہیے۔ دل کہتا یہ حرکت نامعقول ہے، مجبور ہو کر لکھنے پر آمادہ ہوتا آس پاس کی چیزیں دعوت دینے لگتیں کہ ہم حسبِ معمول تمھاری توجہ کے مشتاق و محتاج ہیں۔ لکھنے کی ذمہ داری یہ کچوکے لگاتی کہ بہانہ ساز اور کام چور ہوں خواہ مخواہ کے بہانے تراشتا ہوں۔ خفیف ہو کر اس پر آمادہ ہوتا کہ کسی کے دو چار فقرے چوری کر کے لکھ دوں۔ کاش کوئی اچھا سا شعر یا فقرہ یاد آ جاتا۔ یہاں تک کہ جتنے فقرے یا اشعار یاد آتے سب بے محل بے مزہ معلوم ہوتے لیکن کچھ نہ کچھ لکھتا رہتا جس کا نہ سر ہوتا نہ پیر۔ سارا صفحہ ایسا نظر آنے لگتا جیسے ہتھیلی کی ریکھاؤں کا چربہ اتار رہا تھا۔ دوسرے صفحہ کا بھی یہی حشر ہوتا۔ یک لخت اٹھ کھڑا ہوتا کہ گولی مارو اس لکھنے پڑ آخر بندہ بشر ہوں کب تک سر کھپاؤں۔ مونگ پھلی والا کب سے آواز دے رہا ہے۔ موزے پہنے پہنے پاؤں دم بخت ہو گیا۔ اب مونگ پھلی کھائی جائے گی اور ننگے پاؤں ٹہلا جائے گا۔ مونگ پھلی کھاتے اور ننگے پیر ٹہلتے دیکھ کر غریب دل بھی صبر کر کے بیٹھ جاتا۔ اتنے میں باغ کی طرف توجہ مائل ہو جاتی ادھو ہو ہو! آج تو خانساماں نے بھی صاف کپڑے پہن لیے فلاں سوکھا گلاب پنپنے لگا۔ بھنگن نے خوب جھاڑ دی ہے۔ لان کس درجہ ہرا اور ہموار ہے۔ ذرا اس پر چل کر تو دیکھوں واہ وا قالین بھی اس کا جواب نہیں! کیا خوب شعر کہا ہے۔ پھولا جو ڈھاک بن میں! وہ زمانہ آ گیا جب بچپن میں اسکول جاتے ڈھاک کے جنگل سے گزرتا جنگل سے گزرا ہی تھا کہ

. بادل سے چلے آتے ہیں مضموں مرے آگے.

بھاگ کر اپنی کرسی پر آیا لکھنا شروع کر دیا جو باتیں حاشیۂ خیال میں بھی نہ آئی تھیں

وہ ذہن میں کبھی پھوہار کبھی آبشار کے مانند گرنے لگیں، خیالات قلم کی روانی سے آگے بڑھنے لگے۔ اس اندیشے سے کہ کہیں ان کو بھول نہ جاؤں کاغذ کے حاشیہ پر فوقتاً فوقتاً نوٹ کرنے لگا۔ اس دوران میں کوئی ایسا واقعہ پیش آجاتا کہ لکھنا ملتوی کر کے گھاس کھودنی پڑتی یا کئی دن تک لکھنے کا موقع نہ ملتا تو کوئی حرج واقع نہ ہوتا۔ جب بیٹھتا خیالات کی روانی شروع ہوجاتی۔

میں نے بعض ایسے دوستوں عزیزوں اور بزرگوں کی وفات پر بھی مضامین لکھے ہیں جن سے مجھ کو یا جن کو مجھ سے شغف تھا۔ ایسے مواقع پر کوئی دقت کبھی پیش نہ آئی۔ دوستوں اور عزیزوں کی تکلیف سے میں بہت متاثر ہوتا تھا۔ اور ان کی دائمی مفارقت مجھے یکلخت زیر و زبر کر دیتی تھی۔ لکھتے وقت محسوس کرتا کہ اس عزیز کے حضور میں اپنے جسم و جان اور ذہن و خیال کی بہترین متاع پیش کر رہا ہوں۔ اس حالت میں انشا پردازی کے لوازم اکثر نظر انداز ہوجاتے۔ ان مضامین میں الفاظ و عبارت، لب و لہجہ، انداز اسالیب نکلتے میرے ہی ذہن و قلم سے تھے لیکن آتے معلوم نہیں کہاں سے تھے۔

میں نے بچوں کے لیے بھی مضامین لکھے ہیں مجھے بچوں سے بڑی الفت تھی لیکن اسی وقت تک جب تک ان کے بچپن میں آورد نہیں آمد ہوتی تھی۔ بہت زیادہ مستعلیق اور تمیز دار بچے زیادہ پسند نہ تھے۔ بچوں کو زیادہ سمجھدار نہ ہونا چاہیے اور نہ خواہ مخواہ ان کو بہت زیادہ صاف ستھرا اور پیاری کا انگور بنانا چاہیے۔ یہ بات آگے چل کر ان میں عجیب و غریب نفسیاتی الجھنیں پیدا کرتی ہے۔ بچوں کو سدھارنے میں آج کل جتنا اہتمام کیا جاتا ہے، وہ ضرورت سے زیادہ ہے اور یقیناً اتنا مفید نہیں جتنا کہ سمجھا جاتا ہے۔ اس کی چوتھائی کوشش بھی اگر بچے کے والدین اور اس کے گھریلو ماحول کے درست کرنے میں کی جائے تو نتیجہ زیادہ امید افزا ہوگا۔ بچہ اپنی عاقبت شاید ہی ساتھ لاتا ہو۔ اکثر و بیشتر اس کے والدین اپنی عاقبت بچے کے سر منڈھ دیتے ہیں یہ ایک سانحہ ہے جس کا لحاظ ہندوستان میں بہت کم کیا جاتا ہے جہاں سب سے زیادہ کرنا چاہیے

میں نے کثرت سے ہر طرح کے مضامین لکھے اور ترجمے کیے۔ دوسروں کی بے گاری

بھی کافی کی ہے۔ اکثر ایسا بھی اتفاق ہوا کہ ایک صاحب کو جو کچھ لکھ کر دیا دوسرے صاحب کی فرمائش پر اس کا جواب بھی لکھنا پڑا۔ جواب اور جواب الجواب کا یہ سلسلہ مدتوں قائم رہا۔ اس قسم کی حرکتوں سے مجھے اس بات کا قائل ہونا پڑا کہ یہ کافر دماغ جو چاہے کر دکھائے خیر کو شر اور شر کو خیر ثابت کر دینا اس کے لیے کوئی مشکل بات نہیں۔ اس مفسدہ پردازی کا اندازہ عام لوگ بالخصوص معصوم اور پرجوش نوجوان بالکل نہیں کر سکتے اور مارے جاتے ہیں۔

بے تکلف اور مخلص دوستوں کو خط لکھنے میں بڑا لطف آتا تھا۔ ان خطوط میں مجھے سب کچھ لکھ دینے میں مطلق باک نہ ہوتا۔ یہ میرے اچھے برے خیالات اور جذبات کی سب سے اچھی ترجمانی کرتے ہیں۔ یہاں تک کہ مجھے اس کا خیال آیا کرتا تھا کہ کہیں یہ منظر عام پر نہ آجائیں چنانچہ ایک بار ایک عزیز دوست کی وفات کی خبر آئی تو بہت لمبا اور دشوار سفر کر کے جلد سے جلد پہنچا۔ مرحوم میرے خطوط سینت کر رکھتے تھے۔ پہنچتے ہی کاغذات کا جائزہ لیا اور اپنے خطوط کا بنڈل قبضہ میں کر کے آگ کے حوالہ کر دیا۔ خدا کرے میرے اس قسم کے خطوط جن بزرگوں عزیزوں اور دوستوں کے پاس ہوں وہ ان کو تلف کر چکے ہوں تو وہ میرے اور ان کے درمیان پرائیویٹ گفتگو تھی جس کو مشتہر کرنا اخلاقی جرم ہے۔ فائدہ کوئی نہیں فتنے کا امکان زیادہ ہے۔ میرے نزدیک اچھے خطوط بالعموم وہ ہوتے ہیں جن کو شائع نہ کیا جا سکے۔ مجھے لکھنے پر جو قدرت حاصل تھی اس کی واقعی خوشی اس وقت ہوتی تھی جب بے تکلف احباب مخلصوں اور عزیزوں کو خط لکھنے بیٹھتا۔

خطوط کا اصلی جوہر خلوص اور اعتماد ہے۔ اپنا خلوص اور دوسرے پر اعتماد خطوط میں قابلیت کا اظہار نہ کرنا چاہیے۔ شرافت، خوش طبعی اور خیر اندیشی سے کام لینا چاہیے۔ بقول رد سو علم کی کمی خلوص سے پوری ہو جاتی ہے۔ خلوص کی کمی کبھی علم سے پوری نہیں ہوئی۔

میں نے بہت پڑھا لیکن یہ نہیں بتا سکتا کہ کیا پڑھا اس کے تاثرات البتہ قائم رہتے اور یہ محسوس کرتا کہ دماغ کے بعض نامعلوم سوتے کھل گئے ہیں اس کے بعد کچھ لکھنا شروع کرتا تو وہ کوئی ایسی بات ہوتی جو پہلے کبھی ذہن میں نہ آئی تھی لیکن اس کتاب میں بھی

نہ تھی جو بڑھی تھی۔ میرے بعض مخلص دوست تھے جن کو شعوری یا غیر شعوری طور پر مدِ نظر رکھ کر مضامین لکھتا کہ یہ بات دوست تک پہنچے گی تو اس کا ردِ عمل کیا ہوگا۔ اس نے پسند کیا تو پھر اس کی پروا نہیں ہوتی تھی کہ خلق اللہ نے اسے پسند کیا یا نہیں اگر اس مضمون کی دھوم مچ جاتی لیکن دوست مطمئن نہ ہوتا تو جیسے اپنی نظروں سے گر جاتا۔ میں ہندوستان کے اکثر بڑے آدمیوں سے ملا جو مذہب، سیاست، حکومت، شعر و ادب، فلسفہ و حکمت اور اس قسم کی دوسری باتوں میں ممتاز تھے۔ ملنے کے بعد اپنے اندر کوئی بہتر تبدیلی محسوس نہ کی، مایوسی اکثر ہوئی۔ سوا مخلص دوستوں کے جن سے مل کر ہمیشہ موجودہ سطح سے بلند ہونے کا ولولہ پیدا ہوا۔ میں ہر مذہب کا احترام کرتا تھا۔ مگر مذہبی آدمی کو بالعموم اچّھا انسان نہ پایا۔ مذہبی آدمی اکثر عقاید کی خانہ پری کر کے اعمال کی طرف سے بے فکر ہو جاتے ہیں۔ وہ یہ بات نہیں سمجھنا چاہتے تھے کہ خدا نے اپنی نجات انسانوں کے سپرد نہیں کی ہے بلکہ انسانوں کی نجات انسانوں کے سپرد کی ہے۔ خدا نے عقاید و عبادت کو خدمتِ خلق کے راستے سے نازل کیا ہے اور اسی معیار سے وہ ان کو پرکھے گا۔ عقاید اور اعمال کو یہ لوگ علیحدہ علیحدہ خانوں میں بانٹ دیتے ہیں۔ حالانکہ وہ یہ بھی جانتے ہیں کہ خدا کا فرمان اور منشا علیحدہ خانوں میں نہیں بٹتا ہے۔ دنیا کیا چیز ہے۔ زندگی کا کیا مقصد ہے، انسان کیوں پیدا کیا گیا، مرنے کے بعد کیا ہوگا، ان باتوں نے مجھ میں نہ کبھی تجسس پیدا کیا نہ تشویش۔ شرافت، خوش دلی اور بہادری سے رہنا ان سب کا جواب ہے۔ انسان، انسان ہی نہیں خدا بھی ہے اس کو دوسروں پر نہیں اپنے اوپر خدائی کرنے کے لیے خدا نے بھیجا ہے۔ اس لیے انسان مجبور نہیں ہے مختار ہے۔ مختار اس کو نہیں کہتے کہ جو چاہے کر ڈالے، مختار وہ ہے جو اپنی اچھّی استعداد کو پورے طور پر اور آخر تک بر سرِ کار لا سکے۔ خواہ وہ استعداد معمولی ہو یا غیر معمولی۔ اس کے بعد ہر انجام انعام بن جاتا ہے۔ خواہ وہ المناک ہی کیوں نہ ہو۔ میں سمجھتا ہوں کہ انسان نے اس حد تک ترقی کر لی ہے کہ وہ اچّھے بُرے میں تمیز کر سکتا ہے۔

میرے زمانے میں ہندوستانی عورتیں اپنی اصلاح اور اپنے ترفّع میں اتنی سرگرم نہ تھیں جتنی ان سے کچھ قبل ان کی پیش رو تھیں۔ یہ بڑے تعجّب کی بات تھی وہ صحیح لیکن دشوار گزار

راستے کو چھوڑ کر اردگرد کی پگڈنڈیوں پر چلی گئی تھیں۔ جنگلی پھل پھول کے درمیان پکنک میں مصروف ہوگئی تھیں اور بالآخر پکنک ہی کو منزلِ مقصود قرار دے دیا۔ جس طرح اقبال نے ایک جگہ بتایا ہے کہ نماز میں سجدہ کرنے کی آزادی ملنے سے مسلمانوں میں یہ خیال پیدا ہوگیا ہے کہ ہندوستان میں اسلام کو آزادی نصیب ہوگئی ہے۔ اسی طرح یہ کہنا بے جانہ ہوگا کہ عورتوں کو سینما اور ناچ گھر میں جو فروغ نصیب ہوا اور نوجوان شعرا اور ادیبوں نے عورتوں کو جس حیثیت سے نظموں اور افسانوں میں جگہ دی اس سے عورتیں سمجھنے لگیں کہ انھوں نے زندگی کی بازی پوری نہیں تو بڑی حد تک جیت لی۔ جنگ کی ہولناکیوں اور زندگی کے فشار میں عورت پر جو گزرتی ہے اس کا احساس وہ عجیب طور پر کرتی ہے وہ اپنی مانگ بڑھنے کو اپنی بڑائی اور جیت سمجھتی تھی۔ میں نے جب دنیا کو چھوڑا اس وقت عورت کے ناموس کا خیال کم کیا جاتا تھا اس کی مدد کوئی نہیں کرتا تھا اس کو سب حاصل کرنا چاہتے تھے۔ وہ اپنی زندگی کی بتی کو دونوں سروں سے روشن کیے ہوئی تھی۔ روشنی یقیناً زیادہ ہوگئی تھی لیکن شمع جلد بجھنے والی تھی۔

اردو لکھنے والوں کی تعداد خاصی ترقی کر چکی تھی۔ ان میں ٹھکانے کے لکھنے والے بالعموم وہی لوگ تھے جو مغربی علوم اور طرزِ انشا سے واقف تھے۔ مغربی ادب کے مقابلے میں اردو ادب کا تذکرہ بے کار ہے۔ غزل کے علاوہ جو بدنام ہونے کے باوجود اردو شاعری کی آبرو تھی، اردو ادب کو مغربی ادب سے بہت کچھ نہیں بلکہ سب کچھ سیکھنا باقی تھا۔ ہم جتنا چاہیں مغرب پر لعنت بھیجیں لیکن محض لعنت بھیجنے سے نہ کبھی کام بنا ہے نہ بنے گا۔ اگر اردو لکھنے والے یہ چاہتے ہیں کہ اچھے اور بڑے مصنّفین کے پہلو میں جگہ ملے تو ان کو مستند مغربی مصنّفین کا کثرت سے گہری نظر سے اور فراخدلی سے مطالعہ کرنا چاہیے۔ کیا لکھنا چاہیے کہاں پہنچ کر لکھنا چاہیے اور کیسے لکھنا چاہیے، یہ باتیں مستند مغربی مصنّفین کے ہاں ملیں گی۔ لیکن یہاں ایک خطرے کا بھی اظہار کر دینا ضروری ہے۔ وہ یہ کہ مغربی مصنّفین کا مطالعہ ہی کافی نہیں ہے یہ بھی دیکھنا چاہیے کہ خود مطالعہ کرنے والا بھی سمجھدار اور معتبر ہے یا نہیں مغربی افکار کو اردو میں منتقل کرنے کا سلیقہ ہے یا نہیں ایسا تو نہیں کہ وہ ہم کو جن مغربی مصنّفین یا

ان کے اسالیب یا موضوع سے روشناس کر رہا ہے وہ ساقط الاعتبار ہوں۔

مجھے اچھا کھانے، اچھا پہننے اور تن آسانی کی زندگی پسند نہ تھی، یہ باتیں دراصل عورتوں اور بچوں کو زیب دیتی ہیں۔ میں سب سے کم وقت کھانا کھانے کپڑا پہن لینے منہ ہاتھ دھونے، حوائجِ ضروریہ سے فارغ ہونے یا سفر کے لیے آمادہ ہونے میں لیتا تھا مجھے اپنے اوپر وقت، دولت، راحت اور اس قبیل کی دوسری چیزیں صرف کرنا شاق ہوتا تھا۔ لیکن یہ چیزیں بجائے خود ناپسند نہ تھیں، البتہ خواہش یہ رہتی تھی کہ اپنے بجائے ان کا فائدہ دوسروں کو پہنچاؤں۔ میری ایک کمزوری ایسی تھی جس کو میری زندگی میں شاید کسی نے نہیں پہچانا۔ وہ یہ کہ میں ڈرانے دھمکانے سے قابو میں نہیں آسکتا تھا۔ کوئی ایسا کرتا تو نبرد آزمائی کے لیے مجھ میں بعض نامعقول خصائل اُبھرنے لگتے تھے۔ اس کا دوسرا پہلو بھی کچھ اچھا نہ تھا یعنی میں جس کو دوست سمجھتا یا جس کا مجھ پر احسان ہوتا یا جس کو میں مجبور و مظلوم سمجھتا تھا اُس کی حمایت میں خواہ وہ بے جا کیوں نہ ہو عقل اور اخلاق دونوں سے گزر جانے میں تامّل نہ کرتا۔ الکشن وغیرہ میں ووٹ اپنے دوست ہی کو دیتا خواہ فریقِ مخالف آسمان ہی سے کیوں نہ اُترا ہو۔

مجھے زندگی میں ایک چیز کی بڑی تمنّا رہی جو میرے اطمینان کے مطابق پوری نہ ہوئی یعنی یا تو میرے پاس اتنی دولت ہوتی کہ میں حاجت مند کی اپنے حوصلے یا اطمینان کے مطابق مدد کر سکتا یا میرا ایسا کوئی دولت مند دوست ہوتا کہ جب کبھی اس قسم کی ضرورت پیش آتی تو وہ میری خاطر اسے پوری کر دیتا۔ میں خدا کی ناشکری نہ کروں گا۔ اس بارۂ خاص میں میرے دوستوں ہی نے نہیں بلکہ میری تحریک پر بعض اجنبیوں نے غیر متوقع طور پر مدد کی لیکن واقعہ یہی ہے کہ میری یہ تمنّا اس حد تک پوری نہ ہوئی جس حد تک میں اسے دیکھنا چاہتا تھا۔ میں خدا سے انھیں ناکردہ گناہوں کی حسرت کی داد چاہتا ہوں میری زندگی کا کوئی راز ایسا نہیں ہے جس سے وہ لوگ واقف نہ ہوں جن کو اس راز سے واقف ہونے کا حق حاصل تھا۔ میں دوستی چھپا سکتا تھا، دشمنی کبھی نہ چھپا سکا۔ حماقتیں میں نے اکثر کی ہیں، سازش کبھی نہیں کی۔ علی گڑھ میں رہ کر میری عادت ہو گئی تھی کہ ہر کام خواہ وہ کتنا ہی ضروری

کیوں نہ ہو، اس وقت کیا جائے جب اس کام کا وقت بالکل ہی گزر جانے پر آگیا ہو۔ کام ہمیشہ وقت ہی پر ہو کر رہا لیکن اس کے لیے جو بے تکی اور بے پناہ جدوجہد کرنا پڑتی تھی اس سے عہدہ برآ ہونے کا احساس بھی بڑے مزے کا ہوتا۔ اس سے مجھ میں وہ اعتماد پھر عود کر آتا۔ جس کو میں کسی نہ کسی وجہ سے کھو چکا ہوتا تھا۔ اس سے میں اپنے آپ میں نوجوانوں کا حوصلہ اور تب و تاب محسوس کرنے لگتا۔ یہ وہ خود فریبی تھی جس نے مجھے دنیا کے آلام و مصائب کے مقابلہ میں مستعد اور مگن رکھا۔ میں کام اس وقت زیادہ کرتا تھا جب فرصت کم ہو، موسم خراب ہو اور طبیعت بھی اچھی نہ ہو۔ ایسے مواقع پر کام میں لگ جانا یوں مفید ہوتا کہ میرا ذہن تکلیف دہ اور ناساعد حالات کی طرف منتقل نہیں ہوتا تھا۔ کام کرنا وہ نشہ ہے جس میں نہایت آسانی سے ہر طرح کے مصائب غرق کیے جا سکتے ہیں۔ جب موسم خوش گوار ہوتا اور طبیعت بحال ہوتی تو مجھے کام کرنا مطلق پسند نہ آتا۔ میری لغت میں تعطیل منانے کے یہ معنی نہ تھے کہ کسی کو مزے کا خط لکھا جائے، گھر سے باہر قدم نہ نکالا جائے، باغ میں کام کیا جائے، گھر کی صفائی کی جائے، ایک آدھ وقت کا کھانا ترک کر دیا جائے یا دو چار وقت کا کھا لیا جائے، بیوی بچوں کو بھی کوئی کام نہ کرنے دیا جائے، جو ملنے آئے اس سے اس طرح سے بچا جائے۔ غسل کرنے کا اہتمام نہ کیا جائے اور صرف ہاتھ پاؤں کو جھاڑ پونچھ لینے پر اکتفا کی جائے۔ بڑا قرض لے کر چھوٹے چھوٹے قرض ادا کیے جائیں اور جو بچ رہے اسے لے کر بازار چلا جائے اور بے ضرورت چیزیں خرید لائی جائیں۔ مجھے قرض لینے اور اس کے ادا کرنے کی خوشی ہوتی تھی۔ قرض کو فنونِ لطیفہ میں سمجھتا تھا کب لیا جائے، کس سے لیا جائے، کس طرح لیا جائے۔ اس سے کس طرح دوستی بڑھائی جائے اور دشمنی گھٹائی جائے۔ میرے ایک دوست تھے جو کبھی کبھی بے وجہ مجھ سے خفا یا اپنی بیوی کی طرف سے مغموم ہو جایا کرتے تھے۔ جب کبھی میں ان کو ایسی حالت میں پاتا کسی بہانے سے قرض مانگ بیٹھتا، وہ دے دیتے اور ہم دونوں کی خود اعتمادی بحال ہو جاتی۔

زیادہ سونا اور زیادہ کھانا میرے نزدیک نحوست اور بد توفیقی تھا۔ یہ حرکتیں صرف مریضوں اور لیڈروں کے لیے روا رکھی جا سکتی ہیں۔ دنیا اور اس کے کاروبار اتنے دلکش

تھے اور ہر آن انسان کو بہتر و برتر بنانے میں اس درجہ معاون ہوتے تھے کہ میں سونے میں ان کو کھونا گوارا نہیں کر سکتا تھا۔ سونا محض سونے کی خاطر میرے نزدیک فعلِ عبث تھا دنیا کو دیکھنے اور برتنے میں جو لطف اور ذمہ داری ہے اس کو آدمی سمجھ لے تو میرا خیال ہے کہ وہ بغیر اشد ضرورت کے کبھی سونے پر آمادہ نہ ہو۔ سیاسی سرگرمیوں کی خاطر مجھے جیل خانہ جانا پسند تھا نہ جاہ و منزلت گوارا تھی۔ بس اس آدمی سے بہت خوش ہوتا تھا جو مجھ سے کم سے کم ملتا اور زیادہ سے زیادہ کام لیتا۔ مجھے درباداری سے سخت نفرت تھی۔ درباداری کے وہ لوگ محتاج ہوتے ہیں جو خود اپنی نظروں میں حقیر ہوتے ہیں اور اس ذہنی عذاب سے بچنے کے لیے دوسروں کا سہارا ڈھونڈتے ہیں۔ اپنا نفس لعنت بھیجتا ہے تو کرایہ کے قصیدہ خواں اپنے اردگرد جمع کر لیتے ہیں۔ طوائف سے ہمدردی بھی کی جاسکتی ہے، دربار دار پر صرف لعنت بھیجی جاسکتی ہے۔

میرے زمانے میں سینما کو بڑی ترقی اور اہمیت حاصل تھی۔ سب سے کم سینما دیکھنے والوں میں میرا بھی شمار تھا۔ میں تصویریں دیکھنا گناہ نہیں سمجھتا تھا لیکن مجھے اچھا مضمون لکھنے اور بیوی، بچوں یا دوستوں اور دشمنوں میں بیٹھ کر نئی تصویریں بنانا زیادہ پسند تھا۔ ممکن ہے میں نے اچھے ہندوستانی فلم نہ دیکھے ہوں اسی سبب سے میری رائے یہ ہو کہ قدیم ہندوستانی تھیٹر اور موجودہ ہندوستانی فلم میں کچھ زیادہ فرق نہیں ہے۔ دونوں کے اداکار قولنج یا ہسٹیریا میں مبتلا معلوم ہوتے تھے۔ وہ اداکاری اور حرکاتِ میمونی میں بہت کم فرق کر سکتے تھے۔ میں نے سینما کے اداکاروں کو دیکھا کہ وہ زار و قطار رو رہے تھے لیکن رونے کے دوران میں گاتے اس اہتمام و مشاقی سے تھے کہ تال و سم میں ذرہ برابر فرق نہ آنے پاتا۔ یہ کیوں کر ممکن تھا۔ سینما کمپنیاں روپیہ کمانے کے فن میں طاق تھیں۔ وہ فن کے رموز سے بے بہرہ اور زندگی کے آداب سے لاعلم تھیں۔ ان کے ہاں زندگی عبارت تھی صرف حسن و عشق سے۔ عورتوں کا حسن اور عورتوں سے عشق۔ حسن و عشق کا یہی تصور اور اتنا ہی سا تصور غالباً جانوروں کا بھی ہوتا ہے۔ مجھے سینما سے اتنی دلچسپی ضرور تھی کہ جو باتیں دنیا کے پردے پر نظر نہ آتی تھیں وہ اکثر سینما کے پردے پر

نظر آجاتی تھیں۔

عورتوں کے بارے میں میری کچھ بھی رائے کیوں نہ ہو جنسی میلانات کو بڑی اچھی چیز سمجھتا تھا اور جو ایسا نہیں سمجھتا تھا اس کو کسی جنس میں نہیں سمجھتا تھا۔ لیکن جنسی میلانات کو بد دمغی کا بہانہ قرار نہیں دے سکتا تھا اِن میلانات کی موجودگی مستحسن ہے ان کا مظاہرہ مذموم ہے۔ ہر انسانی فعل کا محرک جنسی میلان ہو سکتا ہے لیکن اس کے یہ معنی نہیں ہیں کہ جب تک جنسی میلان کا ارتکاب نہ کر لیا جائے اس وقت تک کوئی کام شروع نہ کیا جائے اور کوئی کام کام نہیں جب تک اس پر جنسی میلانات کی منبت کاری نہ ملے۔ ہر بات خدا سے منسوب کی جاتی ہے لیکن محض اسی بنا پر کسی عدالت یا مولوی نے ملزم یا مجرم کو معاف نہیں کیا ہے میلان اور اعلان ہم قافیہ ہوں تو ہوں ہم معنی تو نہیں ہیں۔

ہندوستانی مسلمانوں کی طرف سے بڑی بے اطمینانی تھی۔ ان میں مقتدی سے زیادہ امام پیدا ہونے لگے تھے۔ وہ نماز کے اتنے قائل نہیں رہے تھے جتنے جانماز کے۔ وہ بیماری کو علاج، صبر و پرہیز سے دور کرنے کے بجائے اس کو پروپیگنڈا بنانا زیادہ مفید سمجھنے لگے تھے۔ وہ جنگ کے لیے کیل کانٹے سے تیار ہونے کے بجائے دشمن کو اکسانے پر زیادہ مائل تھے اس سے بڑھ کر نا عاقبت اندیشی اور کیا ہو سکتی تھی۔

میں جب دنیا سے گزرا ہوں تو ذہن میں یہ اندیشہ بھی جاگزیں تھا کہ مسلمان دشمن کو شاید ہزیمت دے دیں لیکن مالِ غنیمت سے ہزیمت یقیناً کھا جائیں گے۔

میرے زمانے میں ہندو مسلمان ایک دوسرے سے سخت بیزار تھے دونوں اس کے درپے تھے کہ کس طرح اور کتنے عناصر ایسے دریافت کیے جا سکتے تھے جو دونوں کو ایک دوسرے سے بیزار رکھنے میں معین ہو سکتے تھے۔ یہ فکر کسی کو نہ تھی کہ ایسی باتیں بھی دریافت کرنی چاہئیں جن پر تھوڑا بہت اتفاق ہو سکتا ہو۔ مجھے شبہ تھا کہ وہ ایک دوسرے کے ساتھ نباہ نہ کر سکتے تھے تو اچھے ہمسایہ کس طرح بن سکیں گے۔ ناخداؤں میں جنگ چھڑ چکی تھی مسافر سراسیمہ تھے اور طوفان کا سناٹا پھیلنے لگا تھا۔

خیال اور الفاظ میں کس کو زیادہ اہمیت حاصل ہے۔ یہ ایک دلچسپ لیکن مشکل مسئلہ

ہے۔ لکھنے کے دوران میں مجھے اس کی دقت محسوس نہ ہوئی۔ آدمی سوچتا الفاظ ہی میں ہے اور سوچنے اور بات کے متعین کرنے میں الفاظ بڑے معاون ہوتے ہیں لیکن اکثر ایسا بھی محسوس کیا ہے جیسے دل میں کوئی بات بغیر الفاظ کے بھی آگئی ہو۔ اسے ذہنی کیفیت کہہ سکتے ہیں۔ یہ کیفیت یا تاثر، "معنیِ بے لفظ" ہے۔ اس کو مختلف طور سے ظاہر کیا جاسکتا ہے لیکن بے کم وکاست بیان کر دینا ناممکن ہے جس کو "مکمل اظہار" کہتے ہیں، میرے نزدیک وہ ناممکن الوقوع ہے۔ یہی سبب ہے کہ اظہارِ کیف و خیال میں آرٹسٹ کو بڑی کاوش کرنا پڑتی ہے۔ اس کاوش میں جس حد تک کامیابی ہوتی ہے اسی حد تک اور اسی معیار سے آرٹسٹ کے کمالِ فن کا درجہ متعین ہوتا ہے۔ خیال یا کیفیت کے اظہار کے لیے الفاظ آواز حرکت، رنگ وغیرہ کے سانچے بنے ہوئے ہیں ظاہر ہے ان سانچوں کا آرٹسٹ کے ہاں کیا درجہ ہوگا۔ سانچوں کا صحیح انتخاب ہر ایک کے بس کی بات نہیں۔ میں تو سمجھتا ہوں کہ یہ بڑے سے بڑے فن کار کے بس میں بھی پورے طور پر نہیں آتے۔ اس لیے کہ یہ سانچے یا وسائل محدود ہیں اور وارداتِ ذہنی لامحدود۔ ممکن ہے یہی سبب ہو کہ اور باتوں سے قطع نظر شاعر تشبیہ و استعارے اختراع کرتا رہتا ہے۔ اس میں شک نہیں کہ خیال کو بڑی اہمیت حاصل ہے لیکن الفاظ کا درجہ بھی کچھ کم نہیں ہے۔ الفاظ کے استعمال میں اگر احتیاط ملحوظ رکھی جائے تو دنیا کا شور و فتن بڑی حد تک اعتدال پر لایا جاسکتا ہے۔ خیال کی آمد میں الفاظ کی آورد اگر سب کچھ نہیں تو بہت کچھ ہے۔

لکھنے میں ظاہر ہے ارادہ کو بھی دخل ہوتا ہے۔ میں خود بھی ارادہ کرتا تھا لیکن دراصل لکھنے میں میرے ارادہ کو اتنا نہیں جتنا ایک خاص لمحہ کو دخل ہوتا تھا۔ البتہ یہ کبھی نہ دریافت کر سکا کہ وہ لمحہ کب اور کیسے میسر آسکتا تھا۔ میں لکھنے میں ابتدا، ارتقا اور عروج وغیرہ قسم کے مراحل و مراتب ملحوظ نہیں رکھتا تھا۔ مخلصانہ اور بے تکلف گفتگو میں ان کی پابندی نہیں کی جاسکتی اور نہ کرنا چاہیے۔ مجھے مضمون نگاری کے مقررہ "آداب تسلیمات" بھی نہیں آتے تھے۔ میں قارئین کو اپنا اچھا اور بے تکلف دوست سمجھ کر گفتگو کرنا شروع کرتا تھا۔ اچھا اور بے تکلف دوست ہی نہیں بلکہ اچھا اور بے تکلف خاندان بھی جس میں جوان،

بوڑھے، بیمار، تندرست، ملول، مسرور سبھی ہوتے ہیں۔ میں اپنے آپ کو اس حلقے میں ایک اچھے رفیق کی حیثیت سے پیش کرتا تھا۔ اچھی گفتگو پروگرام کے ماتحت نہیں ہوا کرتی۔

گفتگو کرنا ایک سفر کے مانند ہے جس میں مختلف مناظر مختلف اشخاص اور مختلف حالات وحوادث سے سابقہ ہوتا ہے۔ اچھا آدمی ہم سفروں کے ساتھ ہمدردی کرتا ہے اوران کے رنج وراحت کو اپنے رنج وراحت پر ترجیح دیتا ہے۔ یہ اچھے آدمیوں ہی کی نہیں اچھے لکھنے والوں کی بھی پہچان ہے۔ لکھنے میں اور گفتگو کرنے میں بھی رونا گڑگڑانا حکم چلانا یا قابلیت جتانا نااہلوں کا کام ہے۔ میرے مضامین غزل کی نوعیت کے ہوتے تھے مربوط اور مسلسل نظم کی مانند نہیں۔ ان مضامین میں جو باتیں غیر متعلق اور بہکی بہکی معلوم ہوتی ہیں وہ میرے فن کی شریعت کے مطابق تھیں۔ میں خود نہیں بہکتا تھا دوسروں کو بہکنے کی فرصت دیتا تھا۔ عقل کی باتیں دیر تک نہ سنی جاسکتی ہیں نہ سنائی جاسکتی ہیں۔

نئے اور پرانے کی آویزش ازل سے چلی آتی ہے لیکن جب میں نے سفر آخرت کیا ہے، اس وقت بوڑھوں اور نوجوانوں میں اختلافات کی جو خلیج حائل ہوگئی تھی وہ ناقابل عبور حد تک عمیق اور گہری ہوگئی تھی جس کی مثال شاید ہی تاریخ میں ملتی ہو۔ نوجوانوں کا یہ سمجھنا کہ وہ کبھی بوڑھے نہ ہوں گے، سمجھ میں آنے کی بات تھی، البتہ یہ بات تعجب اور افسوس کی تھی کہ بوڑھے اپنی جوانی بھول چکے تھے ان کو جوانوں سے چڑ ہوگئی تھی۔ یہ بوڑھوں کی بھول تھی۔ بوڑھوں کا سابقہ دو عالم گیر جنگوں سے ہوچکا تھا لیکن وہ ان انقلابات کے مطالبات اور مطائبات دونوں سے ناآشنا تھے۔ نوجوانوں سے مجھے ہمدردی تھی وہ ایک جنگ کی پیداوار تھے اور دوسری جنگ میں کام آگئے تھے۔ وہ جنگ سے زیادہ اہم اور سنگین حادثہ یعنی صلح کا کوئی واضح تصور نہیں رکھتے تھے۔ وہ زیادہ سے زیادہ جو بات سوچ سکتے تھے وہ یہ کہ نوجوان کے لیے ایک نئی دنیا بنائی جائے خواہ وہ انسانوں کے موافق آئے یا نہ آئے۔ وہ اپنی نجات بغاوت میں دیکھتے تھے۔ انسانیت کی معراج شہادت میں ان کو نظر نہ آتی تھی۔ ممکن ہے وہ اک نئی دنیا پیدا کرسکیں

لیکن بعض معتبر قدروں کا احترام ان کے دلوں سے اٹھ چکا تھا۔ اس صورتِ حال کے پیدا کرنے میں بوڑھوں کو یقیناً دخل تھا۔ بوڑھوں نے گزشتہ کا سہارا پکڑا تھا۔ نوجوان شراب میں غم غلط کر رہے تھے۔

چارپائی

چارپائی اور مذہب ہم ہندوستانیوں کا اوڑھنا بچھونا ہے۔ ہم اسی پر پیدا ہوتے ہیں اور یہیں سے مدرسہ، آفس، جیل خانے، کونسل یا آخرت کا راستہ لیتے ہیں۔ چارپائی ہماری گھٹی میں پڑی ہوئی ہے۔ ہم اس پر دوا کھاتے ہیں۔ دعا اور بھیک بھی مانگتے ہیں۔ کبھی فکرِ سخن کرتے ہیں اور کبھی فکرِ قوم، اکثر فاقہ کرنے سے بھی باز نہیں آتے۔ ہم کو چارپائی پر اتنا ہی اعتماد ہے جتنا برطانیہ کو آئی۔ سی ایس پر، شاعر کو قافیہ پر یا طالب علم کو غل غپاڑے پر۔

چارپائی کی پٹیری دور چل کر دیو جانس کلبی کے خم سے جا ملتی ہے۔ کہا جاتا ہے کہ تمام دنیا سے منہ موڑ کر دیو جانس ایک خم میں جا بیٹھا تھا۔ ہندوستانی تمام دنیا کو چارپائی کے اندر سمیٹ لیتا ہے۔ ایک نے کثرت سے وحدت کی طرف رجوع کیا۔ دوسرے نے وحدت میں کثرت کو سمیٹا۔

ہندوستانی ترقی کرتے کرتے تعلیم یافتہ جانور ہی کیوں نہ ہو جائے، اس سے اس کی چارپائیت نہیں جدا کی جا سکتی۔ اس وقت ہندوستان کو دو معرکے درپیش ہیں۔ ایک سوراج کا دوسرا روشن خیال بیوی کا۔ دراصل سوراج اور روشن خیال بیوی دونوں ایک ہی مرض کی

دو علامتیں ہیں۔ دونوں چارپائیت میں مبتلا ہیں۔ سوراج تو وہ ایسا چاہتا ہے جس میں انگریز کو حکومت کرنے اور ہندوستانی کو گالی دینے کی آزادی ہو۔ اور بیوی ایسی چاہتا ہے جو گریجویٹ ہو لیکن گالی نہ دے۔

اس طور پر ہندوستانی شوہر اور تعلیم یافتہ بیوی کے درمیان جو کھینچ تان ملتی ہے اس کا سبب یہ بھی ہے کہ شوہر چارپائی پر سے حکومت کرنا چاہتا ہے اور بیوی ڈرائنگ روم سے گھنٹی بجاتی ہے۔ روشن خیال بیوی شہرت کی آرزومند ہوتی ہے۔ دوسری طرف شوہر یہ چاہتا ہے کہ بیوی تو صرف فردِ خاندان ہونے پر صبر کرے اور خود فخرِ خاندان نہیں بلکہ فخرِ کائنات قرار دیا جائے۔

موتی لال نہرو رپورٹ سے پہلے ہندوستانیوں پر دو مصیبتیں نازل تھیں۔ ایک ملیریا کی دوسری مس میو المعروف بہ مادرِ ہند کی۔ ملیریا کا انسداد کچھ تو کونین سے کیا گیا بقیہ کا کثرتِ اموات سے۔ مس میو کے تدارک میں ہندو مسلمان دونوں چارپائی پر سر بزانو اور حیرا نہوں پرد ست دگریباں ہیں۔ نہرو رپورٹ اور مادرِ ہند دونوں میں ایک نسبت ہے ایک نے مسلمانوں کے سیاسی حقوق کو اہمیت نہ دی۔ دوسری نے ہندوؤں کے معاشرتی رسوم و روایات کی توہین کی!

مادرِ ہند کے بارے میں چارپائی نشینوں کی یہ رائے ہے کہ اس کتاب کے شائع ہونے سے ان کو ہندوستانیوں سے زیادہ مس میو کے بارے میں رائے قائم کرنے کا موقع ملا۔ ان کا یہ بھی خیال ہے کہ اگر سارے ہندوستان سے شمار و اعداد کا مواد اکٹھا کرنے کے بجائے موصوفہ نے صرف ہم ہندوستانیوں کی چارپائی کا جائزہ لیا ہوتا تو ان کی تصنیف اس سے زیادہ دلچسپ ہوتی جتنی کہ اب ہے۔

چارپائی ہندوستانیوں کی آخری جائے پناہ ہے۔ فتح ہو یا شکست وہ رخ کرے گا ہمیشہ چارپائی کی طرف۔

پھر وہ چارپائی پر لیٹ جائے گا۔ گائے گا، گالی دے گا یا مناجات بدرگاہِ قاضی الحاجات پڑھنا شروع کردے گا۔

فنِ جنگ یا فنِ صحافت کی رو سے آج کل اس طرح کے وظائف ضروری اور نفع بخش خیال کیے جاتے ہیں جس طرح ہر مالدار شریف یا خوش نصیب نہیں ہوتا اسی طرح ہر چارپائی چارپائی نہیں ہوتی۔ کہنے کو تو پلنگ، پلنگڑی، چھپرکھٹ، مسہری، سب پر اس لفظ کا اطلاق ہوتا ہے لیکن سیاسی لیڈروں کے سیاسی اور مولویوں کے مذہبی تصور کے مانند چارپائی کا صحیح مفہوم اکثر متعین نہیں ہوتا۔

چارپائی کی مثال ریاست کے ملازم سے دے سکتے ہیں۔ یہ ہر کام کے لیے ناموزوں ہوتا ہے اس لیے ہر کام پر لگا دیا جاتا ہے۔ ایک ریاست میں کوئی صاحب "ولایت پاس" ہو کر آئے۔ ریاست میں کوئی آسامی نہ تھی جوان کو دی جا سکتی۔ آدمی سوجھ بوجھ کے تھے راجہ صاحب کے کانوں تک یہ بات پہنچا دی کہ کوئی جگہ نہ ملی تو وہ لاٹ صاحب سے مل کر آئے ہیں۔ راجہ صاحب ہی کی جگہ پر اکتفا کریں گے۔ ریاست میں ہل چل مچ گئی۔ اتفاق سے ریاست کے سول سرجن رخصت پر گئے ہوئے تھے۔ یہ ان کی جگہ پر تعینات کر دیے گئے۔ کچھ دنوں بعد سول سرجن صاحب واپس آئے تو انجینیر صاحب پر فالج گرا۔ ان کی جگہ ان کو دے دی گئی۔ آخری بار یہ خبر سنی گئی کہ وہ ریاست کے ہائی کورٹ کے چیف جسٹس ہو گئے تھے اور اپنے ولیعہد کو ریاست کے ولی عہد کا مصاحب بنوا دینے کی فکر میں تھے۔

یہی حالت چارپائی کی ہے۔ فرق صرف یہ ہے کہ ان ملازم صاحب سے کہیں زیادہ کارآمد ہوتی ہے: فرض کیجیے آپ بیمار ہیں سفرِ آخرت کا سامان میسر ہو یا نہ ہو اگر چارپائی آپ کے پاس ہے تو آپ کو دنیا میں کسی اور چیز کی حاجت نہیں۔ دوا کی پڑیا تکیے کے نیچے۔ جوشاندہ کی دیگچی سرہانے رکھی ہوئی۔ بڑی بیوی طبیب، چھوٹی بیوی خدمت گزار۔ چارپائی سے ملا ہوا بول و براز کا برتن۔ چارپائی کے نیچے میلے کپڑے۔ بچوں کے کھلونے جھاڑو۔ آتش جو۔ روئی کے پھائے۔ کاغذ کے ٹکڑے۔ مچھر، بھنگے گھر یا محلّے کے دو ایک بچے جن میں ایک آدھ زکام خسرے میں مبتلا! اچھے ہو گئے تو بیوی نے چارپائی کھڑی کر کے غسل کرا دیا ورنہ آپ کے دشمن اسی چارپائی پر لبِ گور لائے گئے۔

ہندوستانی گھرانوں میں چارپائی کو ڈرائنگ روم سونے کا کمرہ، غسلخانہ، قلعہ، خانقاہ،

دواخانہ۔ صندوق۔ کتاب گھر۔ شفاخانہ۔ سب کی حیثیت کبھی کبھی یہ یک وقت ورنہ وقت وقت پر حاصل رہتی ہے۔ کوئی مہمان آیا۔ چارپائی نکالی گئی۔ اس پر ایک نئی دری بچھادی گئی جس کے تہ کے نشان ایسے معلوم ہوں گے جیسے کسی چھوٹی سی آراضی کو مینڈوں اور نالیوں سے بہت سے مالکوں میں بانٹ دیا گیا ہے اور مہمان صاحب مع اچکن۔ ٹوپی۔ بیگ بنچی کے بیٹھ گئے۔ اور تھوڑی دیر کے لیے یہ معلوم کرنا دشوار ہو گیا کہ میہمان بیوقوف ہے یا میزبان بدنصیب! چارپائی ہی پر ان کا منہ ہاتھ دھلوایا اور کھانا کھلایا جائے گا اور اسی چارپائی پر یہ سو رہیں گے۔ سو جانے کے بعد ان پر سے مچھر مکھی اسی طرح اڑائی جائے گی جیسے کوئی پھیری والا اپنے خونچے پر سے جھاڑن یا مورچھل سے مکھیاں اڑا رہا ہو۔

چارپائی پر سوکھنے کے لیے اناج پھیلایا جائے گا جس پر تمام دن چڑیاں حملے کرتی دانے چگتی اور گالیاں سنتی رہیں گی۔ کوئی تقریب ہوئی تو بڑے پیمانے پر چارپائی پر آلو چھیلے جائیں گے۔ ملازمت میں پنشن کے قریب ہوتے ہیں تو جو کچھ رخصت جمع ہوئی رہتی ہے اس کو لے کر ملازمت سے سبکدوش ہو جاتے ہیں۔ اس طرح چارپائی پنشن کے قریب پہنچتی ہے تو اس کو کسی کال کوٹھری میں داخل کر دیتے ہیں اور اس پر سال بھر کا پیاز کا ذخیرہ جمع کر دیا جاتا ہے۔ ایک دفعہ دیہات کے ایک میزبان نے پیاز ہٹا کر اس خاکسار کو ایسی ہی ایک پنشن یافتہ چارپائی پر اسی کال کوٹھری میں بچھا دیا تھا اور پیاز کو چارپائی کے نیچے اکٹھا کر دیا گیا تھا۔ اس رات کو مجھ پر آسمان کے اتنے ہی طبق روشن ہو گئے تھے جتنے ساری پیازوں میں چھلکے تھے اور وہ یقیناً چودہ سے زیادہ تھے۔

فراق اور وصال۔ بیماری و تندرستی۔ تصنیف و تالیف۔ سرقہ اور شاعری سب سے چارپائی ہی پر نپٹتے ہیں۔ بچے بوڑھے اور مریض اس کو بطور پاخانہ غسل خانہ کام میں لاتے ہیں۔ کبھی ادوان کٹ دہ کر دی گئی۔ کبھی بنا ہوا حصہ کاٹ دیا گیا اور کام بن گیا۔ پختہ فرش پر گھسیٹیے تو معلوم ہو کوئی ملٹری ٹینک مہم پر جا رہا ہے یا بجلی کا تڑاقا ہو رہا ہے۔ کھٹملوں سے نجات پانے کے لیے جو ترکیبیں کی جاتی ہیں اور جس جس آسن میں چارپائی نظر آتی ہے یا جو سلوک اس کے ساتھ روا رکھا جاتا ہے ان پر غور کر لیجیے تو ایسا معلوم ہوتا ہے جیسے ہندوستانی بیوی کا تخیل ہندوستانیوں نے

چارپائی ہی سے لیا ہے:

دو چارپائیاں اس طور پر کھڑی کر دیں کہ ان کے پائے آمنے سامنے ہو گئے ان پر ایک کمبل، دری یا چادر ڈال دی کمرہ تیار ہو گیا۔ گھر میں بچوں کو اس طرح کا حجرہ بنانے کا بڑا شوق ہوتا ہے۔ یہاں وہ ان تمام باتوں کی مشق کرتے ہیں جو ماں باپ کو کرتے دیکھتے ہیں۔ ایٹن اور ہیرو انگلستان کے دو مشہور پبلک اسکول ہیں۔ ان کے کھیل کے میدان کے بارے میں کہا جاتا ہے کہ واٹرلو کی جنگ یہیں جیتی گئی تھی۔ میرا کچھ ایسا خیال ہے کہ ہندوستان کی ساری مہم ہم ہندوستانی چارپائی کے اسی گھروندے میں سر کر چکے ہوتے ہیں۔

برسات کی سڑی گرمی پڑ رہی ہو کسی گھریلو تقریب میں آپ دیکھیں گے کہ محلہ نہیں سارے قصبہ کی عورتیں خواہ وہ کسی سائز، عمر، مزاج یا مصرف کی ہوں، رونق افروز ہیں۔ اور یہ بتانے کی ضرورت نہیں کہ ہر عورت کی گود میں دو ایک بچے اور زبان پر پانچ سات کلماتِ خیر ضرور ہوں گے۔ کتنی زیادہ عورتیں کتنی کم جگہ میں آ جاتی ہیں، اس کا اندازہ کوئی نہیں کر سکتا جب تک کہ چارپائی کے بعد کسی یکہ اور تانگہ پر ان کو سفر کرتے نہ دیکھ چکا ہو۔ یہ اللہ کی قدرت اور ایجاد کرنے والے کی پیش بینی ہے کہ ہانکنے والے اور گھوڑے دونوں کی پشت سواریوں کی طرف ہوتی ہے اگر کہیں یہ سواریوں کو دیکھتے ہوتے تو یقیناً غش کھا کر گر پڑتے۔

چارپائی ایک اچھے بکس کا بھی کام دیتی ہے۔ بنکیہ کے نیچے ہر قسم کی گولیاں جن کے استعمال سے آپ کے سوا اور کوئی واقف نہیں ہوتا۔ ایک آدھ روپیہ۔ چند دھیلے پیسے۔ انگریزی کتابیں۔ رسالے۔ جاڑے کے کپڑے۔ تھوڑا بہت ناشتا۔ نقشِ سلیمانی۔ فہرست دواخانہ۔ بعض جعلی دستاویز کے کچھ مسودے۔ یہ سب چارپائی میں آباد ملیں گے۔ میں ایک ایسے صاحب سے واقف ہوں جو چارپائی پر لیٹے لیٹے ان میں سے ہر ایک کو اجالا ہو یا اندھیرا اس صحت کے ساتھ آنکھیں بند کر کے نکال لیتے اور پھر رکھ دیتے جیسے حکیم نابینا صاحب مرحوم اپنے لمبے چوڑے بکس میں سے ہر مرض کی دوائیں نکال لیتے اور پھر رکھ دیتے۔

حکومت بھی چارپائی ہی پر سے ہوتی ہے۔ خاندان کے کرتا دھرتا چارپائی ہی پر براجمان

ہوتے ہیں. وہیں سے ہر طرح کے احکام جاری ہوتے رہتے ہیں اور ہر گناہ گار کو سزا بھی وہیں سے دی جاتی ہے. آلاتِ سزا میں ہاتھ پاؤں. زبان کے علاوہ ڈنڈا. جوتا. تاملوٹ بھی ہیں جنھیں اکثر پھینک کر مارتے ہیں. یہ اس لیے کہ توقف کرنے میں غصہ کا تاؤ مدّہم نہ پڑ جائے اور ان آلات کو مجرم پر استعمال کرنے کے بجائے اپنے اوپر استعمال کرنے کی ضرورت نہ محسوس ہونے لگے۔

چارپائی ہی کھانے کا کمرہ بھی ہوتی ہے. باورچی خانہ سے کھانا چلا اور اس کے ساتھ پانسات چھوٹے بڑے بچے اتنی ہی مرغیاں. دو ایک کتے. بلی اور بے شمار مکھیاں آپہنچیں. سب اپنے قرینے سے بیٹھ گئیں. صاحبِ خانہ صدرِ دسترخوان ہیں. ایک بچہ زیادہ کھانے پر مار کھاتا ہے دوسرا بدتمیزی سے کھانے پر تیسرا کم کھانے پر چوتھا زیادہ کھانے پر اور بقیہ اس پر کہ ان کو مکھیاں کھائے جاتی ہیں. دوسری طرف بیوی مکھی اڑاتی جاتی ہے. اور شوہر کی بدزبانی سنتی اور بدتمیزی سہتی جاتی ہے. کھانا ختم ہوا. شوہر شاعر ہوئے تو ہاتھ دھوکر فکرِ سخن میں چارپائی ہی پر لیٹ گئے. کہیں دفتر میں ملازم ہوئے تو اس طرح جان لے کر بھاگے جیسے گھر میں آگ لگی ہے اور کوئی مذہبی آدمی ہوئے تو اللہ کی یاد میں قیلولہ کرنے لگے. بیوی نیچے بدن دبانے اور بد دعائیں سننے لگے۔

کوئی چیز خواہ کسی قسم کی ہو کہیں گم ہوئی ہو. ہندوستانی اس کی تلاش کی ابتدا چارپائی سے کرتا ہے اس میں ہاتھی، سوئی، بیوی، بچے، موزے، مرغی چور کسی کی تخصیص نہیں. رات میں کھٹکا ہوا اس نے چارپائی کے نیچے نظر ڈالی، خطرہ بڑھا تو چارپائی کے نیچے پناہ لی. زندگی کی شاید ہی کوئی ایسی سرگرمی ہو جو چارپائی یا اس کے آس پاس نہ انجام پائی ہو.

چارپائی ہندوستان کی آب و ہوا، تمدن و معاشرت ضرورت اور ایجاد کا سب سے بھرپور نمونہ ہے. ہندوستان اور ہندوستانیوں کی مانند ڈھیلی ڈھالی شکستہ حال بے سروسامان لیکن ہندوستانیوں کی طرح غالب اور حکمراں کے لیے ہر قسم کا سامانِ راحت فراہم کرنے کے لیے آمادہ. کوچ اور صوفے کے دلدادہ اور ڈرائنگ روم

کے کا سیر اس راحت و عافیت کا کیا اندازہ لگا سکتے ہیں جو چار پائی پر میسر آتی ہے! شعرا نے انسان کی خوشی اور خوش حالی کے لیے کچھ باتیں منتخب کرلی ہیں مثلاً اچھے دوست، شرافت، فراغت اور گوشۂ چمن۔ ہندوستان جیسے غریب ملک کے لیے عیش و فراغت کی فہرست اس سے مختصر ہونی چاہیے۔ میرے نزدیک تو صرف ایک چار پائی ان تمام لوازم کو پورا کرسکتی ہے۔

بانوں کی ٹوٹی ہوئی چار پائی ہے جسے مکّا کے کھیت میں بطور مچان باندھ دیا گیا ہے۔ ہر طرف جھومتے لہلہاتے کھیت ہیں۔ بارش نے گرد و پیش کو شگفتہ و شاداب کردیا ہے دور دور جھیلیں چمکتی، جھلکتی نظر آتی ہیں جن میں طرح طرح کے آبی جانور اپنی اپنی بولیوں سے برسات کی عمل داری اور مزیداری کا اعلان کرتے ہیں۔

مچان پر بیٹھا ہوا کسان کھیت کی رکھوالی کر رہا ہے اس کے یہاں نہ آسائش ہے نہ آرائش، نہ عشق و عاشقی، نہ علم و فضل نہ دولت و اقتدار لیکن یہ سب چار پائی پر بیٹھے ہوئے اسی کسان کی محنت کا کرشمہ ہیں۔ پھر ایک دن آئے گا جب اس کی پیداوار کو چور، مہاجن یا زمیندار لوٹ لیں گے اور اسی چار پائی پر اس کو سانپ ڈس لے گا اور قصّہ پاک ہو جائے گا۔

برسات ہی کا موسم ہے۔ گاؤں میں آموں کا باغ کبھی دھوپ کبھی چھاؤں۔ کوئل کوکتی ہے، ہوا لہکتی ہے۔ گاؤں کے لڑکے لڑکیاں دھوم مچا رہی ہیں۔ کہیں کوئی پکا ہوا آم ڈال سے ٹوٹ کر گرتا ہے۔ سب کے سب جھپٹتے ہیں۔ جس کو مل گیا وہ ہیرو بن گیا جس کو نہ ملا اس پر سب نے ٹھٹھے لگائے۔ یہی لڑکے لڑکیاں جو اس وقت کسی طرح قابلِ التفات نظر نہیں آتیں کسے معلوم آگے چل کر زمانہ اور زندگی کی کن نیرنگیوں کو اجاگر کریں گے۔ کتنے فاقے کریں گے، کتنے فاتح بنیں گے، کتنے نامور اور نیک نام، کتنے گمنام و نافرجام اور یہ خاکسار ایک کھرّی چار پائی پر اس باغ میں آرام فرما رہا ہے۔ چار پائی باغبان کی ہے۔ باغ کسی اور کا ہے۔ لڑکے لڑکیاں گاؤں کی ہیں۔ میرے حصّہ کا صرف آم ہے۔ ایسے میں جو کچھ دماغ میں نہ آئے تھوڑا ہے۔ یا جو تھوڑا دماغ میں ہے وہ بھی نکل جائے تو کیا تعجب!

پھر عالمِ تصور میں ایسی کائنات تعمیر کرنے لگتا ہوں جو صرف میرے لیے ہے جو میرے

ہی اشارے پر بنتی بگڑتی ہے۔ مجھے خالق کا درجہ حاصل ہے۔ اپنے مخلوق ہونے کا وہم بھی نہیں گزرتا۔ نہ اس کا خیال کہ زمانہ کسے کہتے ہیں، نہ اس کی پروا کہ زندگی کیا ہے۔ دوسروں کو ان کا اسیر دیکھ کر چونک پڑتا ہوں۔ پھر یہ محسوس کر کے کہ میں ان لوگوں سے اور خود زمانہ اور زندگی سے علیحدہ بھی ہوں۔ کچھ دیر کے لیے اونگھنے لگتا ہوں۔ ممکن ہے اونگھنے میں پہلے سے مبتلا ہوں۔

پاسبان

پنشن اور پاسبان نے غالبؔ کی زندگی تلخ کردی تھی اور غالبؔ کے پرستاروں نے ہماری۔ ایک صاحب فرماتے ہیں غالبؔ قومی شاعر تھے۔ دوسرے کہتے ہیں حیوانِ ظریف تھے۔ تیسرے کا قول ہے مُلہمِ غیب تھے۔ چوتھے کا فیصلہ ہے فلسفی تھے پانچویں کا کہنا ہے مہمل تھے! ممتحن پوچھتا ہے کیا تھے؟ طلبہ جواب دیتے ہیں۔

شامتِ اعمالِ ماصورتِ 'غالب' گرفت

خود غالبؔ کی شامت پاسبان تھے۔ جیسا کہ خود کہتے ہیں،

گدا سمجھ کے وہ چپ تھا مری جو شامت آئے
اٹھا اور اٹھ کے قدم میں نے پاسباں کے لیے

بایں ہمہ غالبؔ شاعری کو نہیں سپہ گری کو ذریعۂ عزت سمجھتے تھے۔ شاعری کی تکمیل کے لیے ممکن ہے پانچویں پشت تک کی مدت کافی ہو، سپہ گری البتہ غالبؔ سے آخری پشت میں نبھ نہ سکی۔ فرماتے ہیں،

دل ہی تو ہے سیاستِ درباں سے ڈر گیا!

بات یہ ہے کہ میں غالب نہ ہونے کے باوجود پاسبان کے سامنے اپنے آپ کو گداسا محسوس کرنے لگتا ہوں لیکن اس کے قدم لینے کی غلطی کبھی نہیں کی۔ آپ کسی تنفس یا موقع کا تصور نہیں کر سکتے جو پاسبان سے خالی ہو۔ اس بیان پر ایک منطقی نے گرفت کی فرمایا دو چیزیں ایک جا ایک وقت میں کیسے موجود ہوسکتی ہیں عرض کیا کیوں نہیں جیسے علم اور حماقت فرمایا کیسے ہیں نے کہا جیسے بعض منطقی! اتنے میں ایک بزرگ بول اٹھے انجام کچھ بھی ہو ہندوستان کو پولیس یا پاسبان سے نجات نہیں منطقی نے کہا یہ بحث غیر متعلق ہے۔ ہندوستان کی نجات میں پولیس کا دخل کیسا! ایک خاں صاحب شطرنج کھیل رہے تھے، بولتے برخوردار پولیس سے سابقہ نہیں پڑا" یہ کہتے ہوئے مہرے کو دباکر آگے کھسکایا پھر بولے "برخوردار پولیس سے سابقہ نہیں پڑا"

منطقی نے احتجاج کیا، خاں صاحب میرا آپ کا رشتہ وطن کا ہے خون کا نہیں' آپ اپنا یہ بیان واپس لیں۔ دوسری طرف حریف شاطر ایک لالہ جی تھے انھوں نے اپنا مہرا بڑھاتے ہوئے کہا "برخوردار پولیس سے سابقہ نہیں پڑا" اب خاں صاحب کی باری تھی انھوں نے چال چلتے ہوئے یہی فقرہ دہرایا۔ لالہ جی نے دوسری چال اور اسی فقرے سے جواب دیا۔ جیسی چال ہوتی یا موقع پڑتا اسی انداز سے دباکر اٹھاکر بسرعت یا باحتیاط تمام مہروں کو ٹھکانے دیتے اور اسی لب و لہجہ، جرأت، مسکنت، طنز یا ظرافت کے ساتھ برخوردار والا فقرہ دہرایا جاتا۔ ایک موقع ایسا آیا جب دونوں کے پیادے رخ اور فرزین بننے کے لیے جلد جلد بڑھنے لگے۔ اس تیزی سے پورا فقرہ دہرایا نہیں جاسکتا تھا اس لیے صرف برخوردار پر اکتفا کرلیا گیا۔ لالہ جی کا فرزیں پہلے بنا۔ خان صاحب نے فرمایا برخوردار تم نے بے ایمانی کی لالہ جی نے کہا برخوردار اور بے ایمان پر تین حرف۔ دونوں نے مزید خانگی رشتے جوڑنے شروع کیے چنانچہ خان صاحب نے شطرنج کی بساط سے اور لالہ جی نے ناریل سے برخوردار کو بدل لیا۔ نتیجہ یہ ہوا کہ بساط منطقی کے سر پر چلم کی آگ ہر ایک پر اور پولیس کا سپاہی حاضرین کے وسط میں تھا!

تھوڑی دیر بعد لالہ نے چلم سپاہی کو پیش کی۔ خاں صاحب نے سر پرستانہ پیچ پیچ

میں خوشامدانہ لہجے میں گفتگو شروع کردی۔ سپاہی نے گردوپیش کا جائزہ لیا تو بدبختی یا بدگوئی یا دونوں کے آثار منطقی ہی میں پائے۔ ٹکسالی پوربی زبان اور لہجے میں بولا۔" اے کون ہے" رے کون ہے، خاں صاحب بولے" ہم شطرنج کھیل رہے تھے اس نے (منطقی کی طرف اشارہ کرتے ہوئے) بکواس شروع کردی۔ بھیرا سمجھایا بھائی پولیس قریب ہے" جملہ کاٹتے ہوئے منطقی نے کہا"حضرت آپ خانگی رشتے اور سماجی رشتے میں غلط مبحث کررہے ہیں"۔ اس سے قطع نظر نفس بحث سے پولیس کو کوئی سروکار نہ تھا۔ سپاہی غرا کر بولا۔" موکو توای گاندھی کا چیلا جنات ہے تبے نا سرکارا در پولیس کا گریاوت ہے اپوے جمتی ہے ملاؤسرن کا جمت جمت کہت ہے چل کتوالی"۔ اس اردو سے معلیٰ کی "ہندوستانی" یہ ہے۔ "مجھے تو یہ گاندھی کا چیلا جان پڑتا ہے تبھی نہ سرکار اور پولیس کو گلیاتا ہے۔ آپ ہی حجتی ہے مگر دوسروں کو حجت حجت (حضرت) کہتا ہے چل کوتوالی"۔ منطقی ہکا بکا کانسٹبل کے ساتھ ہولیا۔

خان صاحب نے کہا، منشی جی کہاں کے لفنگوں کو بلا لیتے ہو۔ بساط بچھاؤ کچھ دال دلیا اور ہوجائے۔ منشی جی بولے، بھئی علم قسم جو ہم نے بلایا ہو! حقہ بھرا گیا، بساط بچھائی گئی' ابتدائی پانسات چالوں کے بعد خان صاحب نے پکارا برخوردار پولیس سے سابقہ نہیں پڑا لالہ جی نے چال چلنے میں کچھ دیر لگائی معاً کوئی اچھی چال سوجھی جھرجھری لے کر بولے۔ برخوردار پولیس سے سابقہ نہیں پڑا۔ گھڑی پھر چلنے لگی ٹک ٹک، گھر رگھرر! ایک دن "حکام بالادست" کو سلام کرنے جانا پڑا۔ مجھے یہ شغل بڑا گراں گزرتا ہے اس لیے کہ ان کے خفیہ اور ان کے پاسبانوں کے علانیہ سلوک سے ڈرتا ہوں۔ یہ "حاکم لوگ" غلط اردو میں اظہار شفقت یا بے تکلف فرماتے ہیں اور ان کے نوکر پھر اسی صحیح اردو میں بخشش اینٹھتے ہیں لیکن کیا کرتا شب برات کی تقریب، کپڑے نئے، ایسا موقع کب ملتا تھا چنانچہ کوٹھی کے احاطے میں قدم رکھا تھا کہ ایک ڈبلو کالے کتے نے لپک کر ایسے لہجے میں خوش آمدید کہا کہ یہ بات بالکل ذہن سے اتر گئی کہ نئے کپڑے اور نیا جوتا پہن کر بھاگنا، وہ بھی ایسی حالت میں جب کہ شیروانی کا دامن شرعی پیجامے کی مہریوں سے مائل بہ اختلاط ہو خطرے سے خالی نہیں! ایسے میں اکثر عود کی رفتار دفعتاً عجیب وغریب انتقی حرکات میں تبدیل ہوجاتی ہے اور فطرت نے

ہندوستان کو جیسے نجیب الطرفین چرمی کھدّر میں ملبوس کیا ہے وہ کہنی گھٹنے اور ٹھوڑی سے غائب ہو جاتا ہے، بقول غالبؔ "یہ نسخہ دیگر"

"کہنیاں" "نگار اپنی" "گھٹنا" خوں چکاں اپنا!

قصہ مختصر، میں کتوں سے بے تکلّف ہونا پسند نہیں کرتا۔ مجبور ہوتا ہوں تو مصلح کر لیتا ہوں۔ چنانچہ میں نے کالے کتے سے یہی کیا۔ یہ اس کی غلطی تھی کہ اس نے دب کر صلح کرنے والے کا یقین کر لیا۔ واپس آکر ایک عزیز دوست سے کہا ایک صاحب تمھارا کتّا خریدنا چاہتے ہیں آدمی ساتھ کر دو خریدار کو دکھلا لاؤں۔ انھوں نے اپنے پہلوان کتے اور مریض نوکر کو ساتھ کر دیا اطمینان سے جائے فرار پر واپس آیا۔ دوست نے مجھے دیکھا معلوم نہیں میرے مسکرانے پر وہ غرّائے یا ان کے غرّانے پر میں مسکرایا۔ ان کو اس کی خبر نہ تھی کہ اس وقت ان کا مقابلہ پسرِ نوح اور اصحابِ کہف دونوں سے تھا۔ انھوں نے حسبت کر کے معانقہ کرنا چاہا لیکن بجائے اس کے کہ میرا گلا اور ان کے دندانِ مبارک ہوتے خود ان کا ٹینٹوا میرے ساتھی کے منہ میں تھا جو میرے پیچھے گلزارِ نسیم بنے کھڑے تھے۔

دانت اس کے تھے گورکن قضا کے

دو نتھنے رہِ عدم کے ناکے

نوکر پہلے ہی بھاگ چکا تھا۔ میں نے دوستوں کو تخلیے میں "بحث و تکرار" اسٹیج کرتے چھوڑا اور کوٹھی کی طرف بڑھا۔

یہاں کا نقشہ ہی جدا تھا۔ بیرے خانساماں بھنگن اور ان کی اولاد ٹپانے چھوڑ رہے تھے اور ایسا شور مچ رہا تھا کہ کتوں کی آواز بھی ماند پڑ گئی تھی۔ دیکھا کہ کوئی مخاطب نہیں ہوتا تو ٹپانے اور چھچھوندر کی زد سے بچتا ہوا ان کے قریب آیا۔ ان میں بعض ایسے فربہ تھے کہ گمان ہوتا تھا کہ شاید ایک نہیں کئی ایک ہوں اور ان کے اطراف میں کئی ہاتھ اور کئی منہ ہوں۔ ایک صاحب ٹہلتے ہوئے تشریف لائے اور بولے صاحب آرام کر رہے ہیں۔ دیکھیے شور نہ ہونے پائے۔ دوسرا بولا حلوا وغیرہ دن چھپے تقسیم ہوگا۔ میں نے کہا صاحب کی نیند میں تو خلل نہ آئے گا ممکن ہے آپ کی آتش بازی کی سرگرمیوں میں مخل ہوا ہوں۔ حلوے والے مسئلے کو پیچ و تاب کھا کر گول

گر گیا۔ کرتا بھی کیا۔ اس ستم ظریف نے جیب سے پڑیا نکالی تمباکو پھانک لی۔ کان پر سے دو انچ لمبی گھسی ہوئی پنسل اتاری اور میلے ملگجے کاغذ کو سامنے لاکر بولا نام لکھ جائیے۔ میں نے اس ہدیہ کو اس طور پر قبول کیا جیسے وائسرائے سپاس نامہ کا خریطہ قبول فرماتے ہیں۔ اور لکھا۔

"شب برات میں آتش بازی اس لیے منع کی گئی ہے کہ بزرگوں کی روح اپنے عزیزوں سے ملنے اور حلوا کھانے آتی ہے تو بغیر حلوا کھائے اور بشارت دیے واپس جاتی ہے انشاء اللہ آئندہ سال" (بشارت ناتمام)

سنہ ۱۹۱۵ء میں علی گڑھ کالج آیا قدم قدم پر انورہے اور سلطان محمد خامس سے سابقہ چپے چپے پر سلام علیکم سے دوچار۔ پکی بارک کا ایک کمرہ کالج کے پرنسپل ٹول صاحب کا آفس تھا جو تن تنہا داخلے کے سارے کام انجام دیتے تھے۔ باہر دروازے پر امیدواروں کا ماگھ میلا لگا ہوا تھا۔ برسات کی اُمس، آٹھ بجے سے دن کے دو بج گئے۔ بھوک پیاس سے بدحواس پسینے میں شرابور۔ باریابی ہوئی بشکل سے یونہی "اردو مڈل" معلوم ہو رہا تھا، ٹول صاحب کی گول گول آنکھیں اور نصف بریدہ انگلی دیکھ کر کلکٹر صاحب یاد آگئے۔ فرمایا کہاں سے آرہے ہو۔ بولا کچی بارک سے۔ ٹول صاحب کا مطلب تھا وطن کہاں ہے۔ میں نے جواب دیا کچی بارک میں رہنا چاہتا ہوں۔ ٹول صاحب مسکرائے۔ وہ مسکراہٹ جس کے بارے میں کسی کو کبھی کچھ معلوم نہ ہو سکا کہ یہ عتاب کا پیش خیمہ تھا یا التفات کا نتیجہ!

داخلے کا صرف ایک فارم تھا۔ اسی پر سارے اندراجات کر دیے گئے۔ وہاں سے ٹول صاحب کے پرسنل اسسٹنٹ بابو رفیع اللہ خاں (شاہجہان پوری) کے پاس پہنچا۔ ایسا معلوم ہوا جیسے کسی محدث دہلوی یا پنشنر تحصیل دار کا سامنا ہو۔ آنکھ اور عینک کے درمیان تقریباً چار انگل کا فاصلہ، پیشانی پر جھریاں چند ساعت میرے سراپا اور سج دھج کا جائزہ لیا اس کے بعد پان کی پیک کو منہ میں تولتے ہوئے ڈپٹ کر بولے، لہجہ سے معلوم ہوتا تھا عراق عرب میں افواج برطانیہ کے ساتھ رہ چکے ہیں۔ تمھارے باپ کا کیا نام ہے، کہاں کے رہنے والے ہو۔ کیا کاروبار ہے۔ جونپور کی امرتیاں لائے ہو۔ اب یقین ہو گیا کہ گورنمنٹ کے ملازم رہ چکے ہیں۔ غرض گلو خلاصی ہوئی۔ کچی بارک آیا نورٌ علیٰ نور!

یہ کس رشکِ مسیحا کا مکاں ہے
زمیں جس کی چہارم آسماں ہے

کچی بارک (رگل منزل) وہ مقام ہے جس کے بارے میں بہت کہا اور لکھا گیا ہے یہاں صرف اتنا اشارہ کر دینا مقصود ہے کہ اس عہد کی طالب علمانہ زندگی میں کھانے پینے اٹھنے بیٹھنے پہننے اوڑھنے نماز روزہ کھیل کود ہنسی مذاق سبھی پر پاسبان مسلّط تھے کہنے کو تو آج بھی نہ آستانوں کی کمی ہے نہ پاسبانوں کی لیکن یہ فرق ضرور ہے کہ اس زمانے میں پاسبان خارج ہی نہ تھے ان کا احساس ہمارے دلوں میں بھی موجود تھا. ان پاسبانوں کی ایسی کڑی گرفت تھی کہ خود سری اور بے راہ روی کے امکانات تقریباً ختم ہو گئے تھے۔

ایک بار دور دراز کا سفر کرنا پڑا. پیسے کم سفر طویل. اس فکر میں ہوا کہ سفر کس طرح مختصر کیا جائے یا اخراجات کے لیے روپے کی کیا سبیل ہو. دونوں میں سے ایک بھی نہ کر پایا. عادت یہ ہے کہ کام شروع کر دینے کے بعد اس کا پروگرام بناتا ہوں اس کا ایک فائدہ یہ ہے کہ اکثر کام پورا ہو جاتا ہے اور پروگرام بنانے کی زحمت نہیں اٹھانی پڑتی۔

سفر شروع ہوا راستے میں ایک درگاہ پڑتی تھی' زیارت کے لیے اتر پڑا. اسباب سرائے میں رکھ کر درگاہ پہنچا. جو توقعات بن دیکھے قائم کی تھیں' ان میں مایوسی ہوئی اور وہاں کے پاسبانوں کو دیکھ کر جان و مال کا اتنا نہیں تو آبرو جانے کا اندیشہ ضرور ہوا. لمبی چوڑی عمارت گندگی' گداگر' تنومند ترش رو مجاور ہر طرف کہنگی اور زوال کے آثار. سمجھ میں نہ آیا کیا کروں. خیال آیا قوالی سے کام لوں لیکن نہ اشعار یاد نہ گانے سے واقفیت. تالی بجانے کی مشق کالج میں کی تھی لیکن کالج کی تالی اور مزار کی تالی میں بڑا فرق تھا اور اس فرق کو خادموں اور مجاوروں نے محسوس کر لیا تو یہاں کوئی ایسا تو ہے نہیں جو اس کا قائل ہو کہ تالی دونوں ہاتھوں سے بج سکتی ہے. ممکن ہے یہاں تالی کا پرچہ ترکیبِ استعمال کچھ اور ہی ہو مثلاً ایک ہی ہاتھ سے بجائی جاتی ہو لیکن قوالی کی ایک چیز آتی ہے یعنی "اے ہے وائے!"

چنانچہ کچھ سوچتا کچھ گنگناتا بہت کچھ ڈرتا ہوا داخلِ عمارت ہوا. پاسبان نے ایسی پاٹ دار آواز میں للکارا کہ ساری عمارت گونج گئی اور میں ایک قدم پیچھے ہٹ گیا. "قدیم درویشان ردِ بلا" پھر نہایت لجاجت سے فیس داخلہ طلب کی. بات سمجھ میں نہ آئی اس لیے کہ میرے قدم ردِّ بلا تھے تو اس کی فیس کیسی اور کسی دوسرے کے تھے تو اس کا اعلان مجھے دیکھ کر کیوں! پھر سوچنے لگا کہ ممکن ہے شکل کے اعتبار سے میں درویش ہوں قدم کے اعتبار سے یہ لوگ یا کوئی اور بزرگ ردِ بلا ہوں. عرض کیا جناب پیسے ہوتے تو وطن ہی کیوں چھوڑتا. اس امید پر حاضر ہوا ہوں کہ حضرت کے فیض سے کچھ پیسے مل جائیں گے.

فرمایا آپ بڑے آدمی ہیں، اللہ نے بہت کچھ دیا ہے. عرض کیا یہ آپ کا حسنِ ظن ہے لیکن رائے صحیح نہیں قائم فرمائی. میں مفلس عیال دار ہوں، اسی اعتبار سے مقروض اور مریض بھی. کہنے لگے بجا. لیکن جب تک کچھ خیر خیرات نہ کیجیے گا حضرت کی خوشنودی کیوں کر حاصل ہوگی. کیا خوب سودا نقد ہے اس ہاتھ دے اس ہاتھ لے. دبی زبان سے عرض کیا جناب یہ مزار شریف ہے یا امپیریل بنک! پاسبان نے کچھ اس طرح گھور کر دیکھا کہ مارے خوف کے دل سینے میں اور چونّی جیب میں لرزنے لگی. چونّی دربان کی خدمت میں پیش کی اور اسے ہمراہ لیے کہتا ہوا چار سور ماؤں کی حفاظت یا حراست میں آگے بڑھا. ایک مقام پر طائفہ کھڑا ہو گیا. حکم ہوا حضرت نے یہاں وضو کیا تھا. اکنّی رکھ دو. اکنّی کے ساتھ ایک بزرگ بھی تخفیف میں آ گئے. دوسری منزل پر بتایا گیا کہ حضرت نے یہاں چلّہ کھینچا تھا. آٹھ آنے نذر کے پیش کرو. وہ بھی پیش کر دیے ایک صاحب اور کم ہوئے. ایک مقام پر پہنچے ارشاد ہوا بارہ آنے رکھ دو حضور نے یہاں دعا مانگی تھی. تم بھی دعا مانگ لو. پوچھا کیا آپ بتا سکتے ہیں حضور نے کیا دعا مانگی تھی کہنے لگے یہی مانگی ہوگی کہ خدا مسلمانوں کو جملہ آفات و بلیات سے محفوظ رکھے. میں نے کہا اسے ہے واللہ، وہ دعا کب مقبول ہوئی کہ میں بھی مانگوں. اس پر دوست بہت برہم ہوئے اور کچھ تعجب نہ ہوتا اگر نقضِ امن کی نوبت آ جاتی. میں نے مطلوبہ رقم ان کے ہاتھ پر رکھ دی جس کا کرشمہ یہ تھا کہ ان کا ولولۂ جہاد مزاج شریف اور دعائے لطیف پر ختم ہو گیا.

پوچھنے لگے حضرت کا آنا کہاں سے ہوا. عرض کیا ٹمبکٹو سے فرمایا وہاں مزارات ہیں؟ کہا

جہاں کہیں مسلمان ہوں گے، مزارات بھی ہوں گے۔ پوچھا متولی اور سجادہ نشین کون ہیں۔ کہا فی الحال تو یہ خاکسار ہی ہے اور اس وقت مزارات کے مسائل پر تحقیقات کرنے ہندوستان آیا ہے۔ پوچھا اوقاف کی آمدنی کیسی ہے؟ جواب دیا کافی سے زائد ہے۔ کہنے لگے اگر میری خدمت کی ضرورت ہو تو حاضر ہوں، یہاں کی حالت تو نہایت زار ہے۔ متولی صاحب پر ایک عورت اور ایک انگریز کا بڑا اثر ہے۔ مزار شریف کی آمدنی انھیں پر صرف ہوتی ہے۔ ہم خدام تو بس اسی روکھی پھیکی پر بسر کرتے ہیں جو آپ لوگوں سے مل جاتی ہے۔ عرض کیا، کیا کیجیے گا انگریز اور عورت سے کسے اور کہاں مفر ہے۔

ایک دوسرے خادم کے ہمراہ آگے بڑھا اور ایک کھڑکی کے قریب پہنچا۔ ساتھی نے کہا ایک روپیہ نذر کیجیے اور اس کھڑکی میں منہ ڈال کر دعا مانگیے، قبول ہوگی۔ عرض کیا یہ ایک روپیہ حاضر ہے۔ دعا مانگنے کی ضرورت نہیں سمجھتا۔ کہنے لگے نہیں جناب یہ یہاں کا دستور ہے آپ مزار شریف کی توہین کر رہے ہیں۔ میں نے کہا یہ بات نہیں ہے۔ حواس پر قابو نہیں الٹی سیدھی دعا مانگ گیا تو کیا ہوگا۔ کہنے لگے دعا مانگنی پڑے گی۔ اس آستانے سے کوئی محروم نہیں گیا۔ مجبوراً کھڑا ہو گیا۔ رفیق نے للکارا دعا مانگو اور ہم سے کیا پردہ ہآواز بلند مانگو۔ عرض کیا اس سے ممکن ہے صاحبِ مزار کے آرام میں خلل پڑے فرمایا اس کا خیال نہ کرو ہم سنبھال لیں گے۔ میں نے دعا مانگی۔

"اے برگزیدہ روح دعا فرمائیے کہ اس گنہ گار اور بدبخت کو آج سے پھر کسی مزار یا مجاور سے سابقہ نہ پڑے۔"

یاد نہیں آتا کہ کھڑکی کے اندر سے خود گردن باہر نکالی یا اس کے لیے اپنے رفیق کا احسان مند ہونا پڑا۔ اہے وائے کرتا مزار شریف سے تنہا باہر آیا۔ بعض فقرا اور مساکین نے ہمدردی کرنا چاہی لیکن آخری کرم فرمانے وہیں سے للکارا خبردار وہاں سے ! سرائے پہنچا تو سامان غائب! اہے وائے!

تجسس عورت کی فطرت ہے اور پاسبانی اس کی عادت۔ ان کا سدِ راہ نہ پردہ ہو نہ پہاڑ۔ اسے یہ فکر نہیں کہ مرد روپیہ کیسے کماتا ہے۔ وہ دیکھتی ہے کہ خرچ کہاں یا کیوں کرتا ہے۔

اس کا خرچ کرنے کا تصور وہی ہے جو آئی۔ سی ایس کا برطانوی اقتدار کا ہے۔ یعنی ہر وہ فعل جو آئی سی ایس کا ہو برطانوی اقتدار میں ممین اور ہر وہ فعل جو کسی ہندوستانی سے عمل میں آئے برطانوی اقتدار کے منافی ہے! وہ مرد کے مخلص دوست کو اپنے نکمّے رشتے دار سے فروتر سمجھتی ہے اور مسلسل جتاتی رہے گی کہ آپ سے شادی کرنے میں اس نے اپنی زندگی کی سب سے بڑی اور بے سود قربانی کی ہے۔ ثبوت میں یہ کہے گی کہ فلاں بیوی کے ہاں نبڈے اور بھالو پلے ہوئے ہیں اس کو یہ میسّر نہیں۔ اس کی زندگی ایک مسلسل تفتیش تذبذب اور بدگمانی ہے۔ جس طرح حکومتیں اور تاجر دن رات اس ٹوہ میں رہتے ہیں کہ کسی اور حکومت کا رسوخ یا کسی دوسرے کی مصنوعات کی مانگ تو نہیں بڑھ رہی ہے اسی طرح عورتیں فکر میں مبتلا رہتی ہیں کہ کسی دوسری عورت کو تو نہیں فروغ ہو رہا ہے۔ عورت نے آج تک نہ اپنی غلطی تسلیم کی نہ اپنی شکست! عورتوں کا دشمن عورتوں سے زیادہ کوئی نہیں اس لیے کہ ہر عورت دوسری کو اپنا ازلی حریف سمجھتی ہے!

عورت سے محبت کرنا ہمیشہ سے ہر قوم ہر ادب اور ہر زمانے میں مقبول رہا ہے۔ جیل خانہ ہسپتال، پاگل خانے شہادت، وصیت نامے، بے قید نظمیں سب میں اسی کی جلوہ گری ملتی ہے!

مئی کا مہینہ دن کے ساڑھے بارہ بجے ہیں۔ دھوپ گرمی گرد اور لو کا زور ہے۔ یونیورسٹی کے کاموں سے فارغ ہو کر گھر پہنچا تھا۔ یہاں بھی دو چار موٹی سوری قسم کے مسائل در پیش تھے۔ اتنے میں باہر ہنگامہ بلند ہوا۔ ملازم نے اطلاع دی کہ ایک صاحب تشریف لائے ہیں جن کی لمبی داڑھی ہے اور ہاتھ میں ڈنڈا ہے۔ روکے نہ جاتے تو گھر میں گھس آتے۔ پانی مانگ رہے ہیں اور آپ کو بلا رہے ہیں اس اطلاع اور آمد سے جو کوفت ہوئی اس کا اندازہ کرنا دشوار نہیں۔ ارادہ کر کے نکلا کہ کورٹ کے ممبر یا ان کے اقربا میں سے کوئی نہ ہوا تو حشر

من و گرز و میدان و افراسیاب!

دیکھتا کیا ہوں صحن کے وسط میں دھواں دھار داڑھی اور جریب زیتونی بشکل لاٹھی چار بج سمیت حاجی بلیغ العلا محمد فاروق صاحب ایم۔ ایس سی علیگ اکڑے سگریٹ سلگا رہے ہیں۔ فرمایا ۲۶ لاکھ گنے بیل ڈالے گئے، چار لاکھ کی شکر تیار ہو گئی۔ غرض کیا حاجی صاحب کھانا کھانے

جار ہا تھا فرمایا " کلوا واشربوا ولا تقنطوا"

کہنے لگے برخوردار کو جانتے ہو۔ ایک دن عورت اور محبت کا مسئلہ چھیڑ کر کہنے لگے! ابا آپ بوڑھے ہوگئے لیکن نئے سرے سے دنیا جوان ہو رہی ہے اسلام کا نظریۂ نکاح مشتبہ ہے۔ اتنا بیان دے کر حاجی صاحب نے داڑھی کو اس طرح تکان دی کہ ایک ایک بال باہمہ و بے ہمہ ہوگیا۔ پیشانی پر شکنیں پڑنی شروع ہوئیں تو کرۂ سر کے خطِ استوا پر جاکر ختم ہوئیں اور آنکھیں فردوسی کا شاہ نامہ بن گئیں۔ میں نے کہا صاحبزادے کے کہنے پر نہ جایئے انھوں نے خیالات و جذبات کی تشکیل و تہذیب میں کتابوں کے مطالعہ سے زیادہ کام لیا ہے زندگی کے واقعات اور مشاہدات کو اہمیت نہیں دی ہے، ان سے سابقہ پڑے گا تو جان لیں گے کہ کتابی باتیں زندگی کے نت نئے تقاضوں کا ساتھ دور تک نہیں دے سکتیں۔

حاجی صاحب پر میرے اس خطبۂ صدارت کا مطلق اثر نہیں ہوا۔ اکتا کر بولے کھڑکی کھولو۔ اور اقبال (میرا بڑا لڑکا) کو بلاؤ۔ لونڈا مجھ کو ٹنبلول ابا کہتا ہے۔ عرض کیا حاجی صاحب کن مصیبتوں سے کمرے میں بند کر آیا ہوں دھوپ میں کہاں بلاؤں، لو لگ گئی تو بڑی پریشانی ہوگی۔ بولے تو میرے لڑکے پر کیوں اعتراض کرتا ہے۔ اسے بھی بچپن میں لو سے بچایا گیا اب ذرا سی گرمی میں تلے اوپر ہونے لگتا ہے۔ میں نے پوچھا حاجی صاحب اعتراض کیا تھا۔ فرمایا دیکھو مسخرے کو کہتا ہے اگر مرد کو چار عورتیں روا ہیں تو عورتوں کو چار مرد کیوں نہیں، محبت کا انجام شادی ہے اس لیے ہندوستانی طریقۂ شادی ناقص ہے، کیونکہ یہاں محبت شروع ہونے سے پہلے شادی کردی جاتی ہے!

میں نے کہا حاجی صاحب بات دراصل یہ ہے کہ میں نے ایک مضمون لکھنا شروع کیا ہے۔ ایک جگہ گاڑی آٹک گئی ہے صاحبزادے کو کیا جواب دیا تھا بتا دیجیے تو میں اسے سرقہ کی زد یا الزام سے بچاکر اپنے مطلب کا بنالوں۔ فرمایا یہ کیوں کر، عرض کیا آرٹ یا ریسرچ کے بہانے! یعنی کسی نے کہا کہ عریاں یا فحش ہے تو کہہ دوں گا آرٹ ہے اور مہمل یا سرقہ بتایا تو عرض کروں گا کہ ریسرچ میں ایسا ہی ہوتا ہے!

حاجی صاحب ڈنڈا لے کر کھڑے ہوگئے۔ کچھ دیر تک سوچتے رہے پھر گنگنانے لگے۔ حاجی صاحب

کا داد دینے کا ایک طریقہ یہ بھی ہے۔ فرمایا اجی وہی حماقت کی بات تھی۔ یعنی چار نکاح، محبت کا آغاز و انجام، عورت کا انتقام وغیرہ۔ عرض کیا ذرا تفصیل سے سنا دیجیے تو کرم ہوگا۔ فرمایا۔ کہتا تھا عورت چار نکاح کیوں نہ کرے۔ میں نے جواب دیا اور تم بھی سن لو۔ تمہاری کتنی اولاد ہے۔ میں نے کہا۔

زمین شش شد و آسماں گشت ہشت !

فرمایا یہ قطعہ ولادت ہے یا مصرعِ طرح۔ میں نے کہا دونوں۔ فرمایا بیویاں کتنی ہیں۔ میں نے کہا حاجی صاحب ذرا زبان سنبھال کر۔ حاجی صاحب نے صرف داڑھی سنبھال کر کہا اگر چار بیویاں ہوتیں تو چوبیس گھنٹے اولاد ہوتی یا نہیں۔ میں نے کہا تو پھر۔ کہنے لگے عورت چار نہیں چوبیس نکاح کرے اولاد تو ایک ہی ہوگی۔ اس لیے نسل کی بقا یا افزائش کے لیے تم ہی بتاؤ مسئلہ کے کس رخ کو زیادہ اہمیت دینا چاہیے۔ میں نے کہا حاجی صاحب بات تو نا معقول کہی ہے لیکن چوں کہ گھاگ ہو اس لیے کوئی کچھ نہیں کر سکتا مگر شادی کا مقصد توالد و تناسل ہی تو نہیں ہے محبت بھی تو کوئی چیز ہے۔ فرمایا مسخرے بھی ہو لونڈے بھی، محبت کا انجام شادی نہیں ہے یہ محبت کا سطحی تصور ہے۔ محبت کی ابتدا شادی کے بعد ہوتی ہے۔ اور یہ برگزیدگی کا تصور ہے۔

میں نے کہا اور پاسبان، فرمایا اب وقت ضائع مت کرو ابھی مجھے ایک اور جگہ جانا ہے۔ شکر سازی کی ایک مشین ایجاد کی ہے کسی ماہر سے مل کر حساب لگانا ہے کہ شیرہ اور شکر کا تناسب کیا ہونا چاہیے اور کیا شیرہ کا عنصر حذف کیا جا سکتا ہے۔ تم جا کر آرام کرو۔ میں نے کہا حاجی صاحب گرمی کی شدت، بچوں کی چیخ پکار، ادھر ادھر کی مکروہات آرام کب لینے دیں گے کہنے لگے بیوی پاسبان ہے تو امن و امان ہے۔ بھاگ جاؤ!

علی گڑھ میگزین میں اس مضمون کی دو قسطیں جا چکی ہیں۔ چاہتا ہوں کہ یہ آخری ہو۔ یاد نہیں اس سے پہلے کیا لکھ چکا ہوں اس سلسلے میں نیل کنٹھ مہادیو کا بھی ذکر کرنا چاہتا تھا لیکن یہ نہیں معلوم کہ نیل کنٹھ مہادیو ہیں یا مہادیو، نیل کنٹھ۔

ان کا حلیہ کچھ ایسا ہی ہوگا جیسا کہ پاسبانوں کا ہوتا ہے اس لیے کہ سنتے ہیں کہ خالقِ موجودات کو نیل کنٹھ مہادیو کو پیدا کرنے کی اس لیے ضرورت محسوس ہوئی کہ کام دیو نابالغ بھی تھے نابینا بھی۔ چنانچہ ان پر نیل کنٹھ مہادیو کا پہرہ مقرر کر دیا گیا۔ کچھ عرصہ تک مہادیو کا بڑا دور دورہ رہا جیسا کہ نابالغ رؤسا کے منیجر یا مزارات کے متولیوں کا رہتا ہے لیکن نابالغ اور نابینا کی پاسبانی یا پاسداری ہر وقت نہیں کی جا سکتی۔ چنانچہ کامدیو اور نیل کنٹھ مہادیو میں اختلافات پیدا ہونے لگے۔ عشق اور عقل نے "تیشۂ فرہاد" اور "فتنۂ پرویز" کی صورت اختیار کی۔ عشق کو عقل کی پاسبانی کا شکوہ اور عقل کو عشق کی بے راہ روی کا گلہ قریب تھا کہ فریقین ہندو مسلم قسم کی حرکت کرنے پر آمادہ ہوں کہ راؤنڈ ٹیبل کا مصرعہ ذہن میں آ گیا۔ ایک کمیٹی بنائی گئی جس میں ایک شاعر، ایک فلسفی اور ایک مولوی کا انتخاب کیا گیا اخراجاتِ سفر ہندوستان پر ڈالے گئے اور یہ اصحابِ ثلاثہ عالمِ بالا کے سفر پر روانہ ہوئے۔

حجابات طے ہونے لگے۔ شاعر بے فکر، فلسفی متحیر، مولوی خائف و خفیف! یہاں تک کہ وہ منزل آئی جہاں راہبر نے بتایا کہ قیام کیا جائے گا۔ معزز مہمان تھے جائے اقامت کا انتخاب بھی انھیں کو دیا گیا۔ مولوی نے جنت کا رخ کیا۔ فلسفی نے کہا جب تک ہر جائے قیام کا کچھ حال نہ معلوم ہو مقام کا انتخاب کیوں کر کیا جا سکتا ہے۔ مولوی نے کہا جنت سے بہتر کوئی جگہ نہیں۔ فلسفی نے کہا یہ تو ظاہر ہے لیکن جہاں صرف تمھارے ہی جیسے لوگوں سے سابقہ ہو اسے جنت کیوں کہیے، جامع مسجد یا درگاہ کیوں نہیں۔ دوزخ اس لیے نہیں جانا چاہتا کہ دنیا میں ہمیشہ اس کی دھمکی دیتے رہے، جنت میں حوروں سے کہو گے کہ دیکھو فلسفی کو جہنم رسید کر دیا! میں برزخ میں قیام کروں گا اس لیے کہ اس کے سوا اور کوئی مقام ایسا نہیں ہے جہاں مولوی اور ملحد دونوں سے نجات ہو!

اب شاعر کی باری تھی۔ راہبر نے پوچھا آپ کا کیا ارادہ ہے۔ شاعر بولا جنت پر تو مولوی نے قبضہ کر لیا۔ برزخ فلسفی کے حصہ میں آیا، مجھے جہنم لے چلو۔ اس میں شک نہیں کہ مولوی اور فلسفی کے نکل جانے سے اب دنیا بھی رہنے کے قابل جگہ ہو گئی ہے لیکن یہ بھی دیکھنا ہے کہ جہنم

اور دنیا دونوں میں کون قابلِ ترجیح ہے دوسرے یہ کہ جس کے مہمان آئے ہیں اس نے جائے قیام کے انتخاب کا اختیار دے دیا ہے تو یقین ہے کہ جنت دوزخ اور برزخ سب یکساں ہوں گی۔

جائے قیام پر پہنچ کر شاعر نے محسوس کیا کہ جگہ تو خاصی ہے، بدمذاقوں نے بدنام کر رکھا ہے نور بخش سبھی کچھ ہے۔ چنانچہ ایک فضا اپنے لیے منتخب کر لی۔ مالک نے پوچھا کسی چیز کی ضرورت تو نہیں ہے، شاعر نے جواب دیا تمھاری تو بڑی تعریف سنتے تھے لیکن معلوم ہوا کہ تمھارے عقل ہے نہ ایمان۔ مردِ خدا، ضرورت تو جنتیوں کو ہوتی ہے حور و قصور کوثر و سلسبیل کی۔ ہم کو کسی چیز کی ضرورت ہوتی تو یہاں کیوں آتے۔ ضرورت حاجت مندوں اور سائلوں کو ہوتی ہے۔ ہماری ضرورت خود ان کو ہے جنھوں نے بے ضرورت کسی چیز کو نہیں پیدا کیا۔ مجھ کو میری حالت پر چھوڑ دیے۔ مالک نے کہا تم عجیب آدمی ہو نہ دوزخ سے خائف نہ بہشت کے خواہش مند! شاعر نے کہا تم عجیب تر فرشتہ ہو کہ چون و چرا بھی کرتے ہو، بارگاہِ کبریا سے اتنے قریب ہو کر اس کی مصلحتوں سے اتنے ناآشنا ہو۔ جنت اور دوزخ کی حاجت ہم کو ہے یا ان کو؟ سزا اور جزا کی حقیقت یہ ہے کہ انسان اپنے آپ کو مظلوم نہ سمجھنے پائے۔ یہ باتیں تمھاری سمجھ میں نہ آئیں گی۔ ہو سکے تو کچھ دنوں کے لیے میرے ساتھ دنیا تک چلے چلو وہاں یہ باتیں خود بخود تم پر منکشف ہو جائیں گی۔

مالک نے پوچھا آخر آپ آئے کیوں ہیں۔ شاعر نے کہا کہ تم نے پھر بے تکا سوال کیا۔ لیکن معلوم ہوتا ہے کہ خدا نے تم پر فضل کیا اور تلاش و تجسس کا مادہ بھی ودیعت کر دیا۔ پوچھتے ہو کہ ہم یہاں کیوں آئے ہیں، ہم یہ دکھانا چاہتے ہیں کہ انسان نے دنیا میں رہ کر آخرت کے وجود کا ثبوت دے دیا۔ لیکن اس سے کہیں یہ نہ سمجھ لینا کہ اس میں تمھاری دوزخ یا بہشت کو بھی دخل ہے۔ واقعہ یہ ہے کہ دوزخ اور بہشت کی موجودگی نے انسانیت کی تکمیل میں بڑی رکاوٹیں پیدا کر رکھی ہیں۔

مالک نے کہا کیا تمھارا جنت، دوزخ یا ملائکہ پر ایمان نہیں ہے۔ شاعر نے جواب دیا کہ یہ سوال تم کو قبر میں مردوں سے کرنا چاہیے۔ میں نہ مردہ ہوں، نہ قبر میں۔ جس طرح تم کو فرشتہ مان لینے کے بعد تمھارے سوالات پر درگزر کیا جا سکتا ہے۔ اسی طرح خدا کو خدا مان لینے کے

بعد جنّت دوزخ کو نظر انداز کیا جاسکتا ہے۔ خدا کا مقصد نہ جنّت؍دوزخ ہے نہ ہم نہ تم۔ وہ خود مقصد ہے۔ مالک نے کہا تمھاری باتیں کچھ عجیب سی ہیں اچھّا اب آرام کرو اس سلسلے کو پھر کبھی چھیڑیں گے۔ شاعر نے کہا تمھارے یہاں آرام کہاں یہاں کی یکسانیت تو مجھے پاگل بنا دے گی

شاعر کے دل میں آیا کہ دیکھوں دونوں ساتھی کہاں اور کس حال میں ہیں۔ پہلے مولوی سے ملا۔ پوچھا کیسی گزری جنّت میں کسی قسم کی تکلیف تو نہیں ہے۔ کہنے لگے تکلیف تو کوئی نہیں لیکن کبھی کبھی کسی چیز کا بہت اچھّا اور بہت زیادہ ہونا بھی تکلیف دہ ہو جاتا ہے۔

شاعر نے کہا تم کو معلوم ہے ہم لوگ کیوں اور کس حیثیت سے آئے ہیں گفت و شنید کے لیے تم کہاں تک تیّار ہو۔ مولوی نے کہا یوں تو تم جانتے ہو بحث مباحثہ ہمارا دلچسپ مشغلہ رہا ہے لیکن یہاں کچھ ایسا محسوس کرتا ہوں کہ یہ جگہ بحث مباحثہ کے بجائے عیش و نشاط کے لیے زیادہ موزوں ہے۔ شاعر مولوی سے رخصت ہو کر فلسفی کے ہاں پہنچا قبل اس کے کہ شاعر کوئی سوال کرتا فلسفی نے کہا دیکھو تم ذرا جلد باز ہو۔ یہاں بھی جلد بازی نہ کرنا میں سوچتا ہوں کہ :

عالم تمام حلقۂ دامِ خیال ہے !

صرف الفاظ کا گورکھ دھندا ہے۔ کبھی کبھی شاعر کی نارسائی فلسفہ کے دامن میں پناہ لیتی ہے۔ شاعر نے جواب دیا لیکن ایک صورت وہ بھی تو ہوتی ہے جب فلسفہ شاعری کی آڑ پکڑنا چاہتا ہے ! اور فلسفہ اور شاعری دونوں صداقت کے علم بردار ہونے کے متمنّی ہوتے ہیں دوسری طرف فلسفہ اور شاعری دونوں سے صداقت بیزار ہوتی ہے۔ فلسفی نے کہا صداقت کوئی میراث نہیں ہے جو کسی ایک ہی شخص یا جماعت یا فن کے حصّے میں آئی ہو۔ شاعر نے جواب دیا یہ صحیح ہے لیکن اشخاص، جماعت یا فن اس کے محتاج ضرور ہیں۔ مگر ہم دونوں یہاں فلسفہ اور شاعری کا الکشن لڑانے نہیں آئے ہیں مشکل یہ ہے کہ تم دنیا میں بھی برزخ ہی میں رہے اور یہاں بھی تم نے اس کا انتخاب کیا۔ اس لیے مجھے امید کم ہے کہ اب تک کسی نتیجے پر پہنچ سکے ہو گے۔

فلسفی نے کہا اگر عالم تمام حلقۂ دامِ خیال ہے تو پھر قطعیت کیسی اور کہاں۔ شاعر سے

جواب دیا فلسفہ کی گمرہی کو آپ شاعری کی محرومی سمجھتے ہیں۔ فلسفی بولا گمرہی اور محرومی پر آخرت میں بحث کرنا کوئی مفید مشغلہ نہیں ہے۔ شاعر نے جواب دیا لیکن اس کے دلچسپ ہونے میں کیا کلام ہے۔ تم الفاظ کی گرفت کر کے حقیقت سے گریز کرنا چاہتے ہو۔ حقیقت صرف ایک ہے الفاظ اور فلسفیوں کی تعداد بے شمار۔ بحث حقیقت سے کرنا پڑے گی۔ یہاں جس سے سابقہ ہے اس نے صرف حقیقت کی ذمہ داری لی ہے۔ الفاظ کے بارے میں تو کہا جاسکتا ہے کہ وہ ایک حد تک ہماری نارسائیوں کے مظہر ہیں۔

فلسفی نے جواب دیا دیکھو جلد بازی کا میں ہمیشہ مخالف رہا ہوں اور اس سے زیادہ قطعیت کا۔ اگر تم کو ان پر اصرار ہے تو مولوی سے رجوع کرو۔ شاعر نے کہا مولوی تو جنت پہنچ گیا اس نے حقیقت کو ہمیشہ جنت سے تعبیر کیا اس لیے اس کی پرواز ختم ہو چکی ہے۔ اس کا عشق اور اس کی عقل دونوں اس سے اور وہ ان دونوں سے بے نیاز ہو چکے ہیں تم قطعیت سے گریز کرتے ہو۔ چنانچہ اب اس کے سوا کوئی چارہ نہیں کہ میں تم دونوں کو تمہارے حال پر چھوڑ دوں۔

شاعر نے جہنم پہنچ کر مالک سے پوچھا اگر مصالح کے خلاف نہ ہو تو میں شیطان سے مل لوں دنیا میں وہ آخرت کے پیچھے بدنام رہا۔ اب دیکھنا چاہتا ہوں کہ آخرت میں اس کے ساتھ کیا سلوک کیا گیا۔ مالک نے کہا اپنی ذمہ داری پر مل سکتے ہو۔

ملاقات ہوئی۔ شیطان نے کہا خوب آئے اچھا کیا کہ فلسفی اور مولوی کو ساتھ نہ رکھا ورنہ جہنم کی ساری معنویت ختم ہو جاتی۔ تمہارا وفد دنیا کی ایک گتھی سلجھانے آیا ہے یعنی عقل اور عشق کی پاسبانی یا کارفرمائی۔ شاعر نے کہا مسئلا اتنا پیچیدہ نہیں ہے جتنا لوگوں نے بنا رکھا ہے۔ شیطان نے کہا ٹھیک ہے لیکن اتنا معمولی بھی نہیں ہے جتنا شعراء نے سمجھ رکھا ہے۔ شاعر بولا عشق کو تسلیم کرنے کے بعد عقل پر غور کرنا فضول ہے۔ شیطان نے جواب دیا اس قسم کے فقرے لوگ وضع یا استعمال کرتے ہیں جو حقائق کی روشنی کی تاب نہیں لاسکتے۔ انسان اپنی نارسائی کو چھپانے کے لیے فقروں کی آڑ پکڑتا ہے، اسے خود فریبی بھی کہہ سکتے ہیں۔ میں کسی ایسی چیز کا قائل نہیں جس کا فیصلہ مناسبت سے ہو۔ تم عشق اور آخرت کے قائل ہو میں عقل اور دنیا کو اہم سمجھتا

ہوں۔ تم کو یہ نہیں معلوم کہ تم ہم سے جتنے بیزار ہو اس سے زیادہ خدا ہم کو قابلِ اعتماد سمجھتا ہے تم ہم کو دشمن سمجھتے ہو اس لیے کہ خدا کے بیوقوف دوست ہو اور میں اس لیے اسے عزیز ہوں کہ اس کا عقلمند دشمن ہوں۔ تمھارے جذباتی ہونے پر تم سے ہمدردی کر سکتا ہوں لیکن تمھارا قائل نہیں ہو سکتا۔ عشق عبودیت ہے اور عبودیت پر فخر کرنے والے کمزور ہوتے ہیں یا سادہ لوح۔ عقل اصل ہے۔ مشیت نے اس کی تقسیم میں احتیاط ملحوظ رکھی ہے اور یہ زیادہ مقدار میں تقسیم کی جاتی تو بنا بنایا کھیل بگڑ جاتا۔ ذہن میں ہزاروں طرح کے خیال آتے ہیں لیکن ہر خیال کا تحمل ہر ایک شخص کے بس کی بات نہیں۔ یہ ایک ایسا بارِ گراں ہے جو بجائے خود اپنا متحمل نہیں ہو سکتا۔ اس بار اس نے جہاں تم پر گرانی کی تم نے آڑ ڈھونڈنا شروع کر دیا۔ اس کی مثال ایسی ہے جیسے کوئی شخص آلام کو "غرقِ مئے ناب" کرنے پر آمادہ ہو جائے جس کا اعتراف غالب نے کیا ہے۔

مے سے غرض نشاط ہے کس روسیاہ کو
اک گونہ بے خودی مجھے دن رات چاہیے

غالب کی پہلی کمزوری تو یہ تھی کہ انھوں نے نشاط کو برا کہا۔ نشاط بری چیز نہیں ہے بلکہ نشاط سے مغلوب یا اس کا محتاج ہونا بزدلی اور کم مائگی ہے۔ دوسری غلطی کا اعتراف انھوں نے یوں کیا ہے کہ وہ شراب میں پناہ لینا نشاط کی ذمہ داری سے زیادہ سہل سمجھتے ہیں۔ شاعر نے کہا لیکن شیطنت بھی اسی کو کہتے ہیں۔ شیطان بولا کہنے کو جو چاہے کہہ لو آخر انسان ہو اور شاعر بھی۔ شاعری اگر تمھارے خیال سے حسن اور حقیقت کے اظہار کا نام ہے تو میرے خیال میں شیطنت تکمیلِ حسن ہے۔ گو میرا خیال ہے کہ بیشتر اردو شعرا حسن اور حقیقت کو ایک سمجھنے کی استعداد بھی نہیں رکھتے۔ شاعری کو مذہب کیوں بنا رکھا ہے، شیطنت شجرِ ممنوعہ اور ارضِ ممنوعہ کی قائل نہیں۔ یہ تم نے کیسے سمجھ لیا کہ عشق سے زیادہ حسین کوئی اور تصور نہیں ہو سکتا۔ تم نے انسان اور اس کرۂ ارض کو سب سے زیادہ اہمیت دے رکھی ہے۔ یہ عشق اور عبودیت کی خروری و کوتاہی ہے۔ تمھارا عشق ایک حالت یا ایک نظریہ ہے۔ میری عقل مزاج ہے اور اصول۔ لیکن تم غیر ذمہ دار ہو اور اپنی ہر غیر ذمہ داری کو اس طور پر سراہتے ہو گویا وہ تکمیلِ اصول کے مختلف مراتب یا زینے ہیں۔ تم کو نہیں معلوم کہ شیطان ہر چیز کا قائل ہے الا غیر ذمہ داری۔

اس لیے وہ سمجھتا ہے کہ غیر ذمہ داری قول سے متعلق ہو یا فعل سے، کمزوروں اور بے وقوفوں کی آخری جائے پناہ ہے۔

شاعر نے کہا تم واقعی شیطان نکلے۔ شیطان بولا اگر تم نے حقیقت کا اظہار یا اقرار کیا ہے تو میں خوش ہوں لیکن اگر اس لفظ کو اس لیے استعمال کیا ہے کہ میری توہین ہو اور تمھارے انسان ہونے کے پندار کو تقویت پہنچے تو میں تم سے ہمدردی کرتا ہوں۔ تمھاری سادہ لوحی یہ ہے کہ اپنے آپ کو اشرف المخلوقات سمجھتے ہو۔ اشرف المخلوقات ہونا کوئی فخر کی بات نہیں۔ مخلوق ہونا ہی کون سا شرف ہے جس پر آپ 'اشرف' کا اضافہ کرتے ہیں اور خوش ہوتے ہیں۔ کبھی اس پر بھی غور کیا کہ ایک چیز اشرفِ موجودات بھی ہے۔ شاعر بولا مثلاً خدا! شیطان نے جھنجلا کر کہا وہی مولویوں کی سی باتیں شروع کر دیں! میں نے مولویوں سے بڑھ کر کسی کو ایسا نہ دیکھا جو جلد سے جلد غلط نتیجہ پر پہنچتا ہو۔ جو چیز سمجھ میں نہ آئی اسے خدا کہہ دیا جس سے خفا ہوئے اسے شیطان قرار دے دیا۔ انھی کے پھیر میں تم نے اپنی عقل اور دوسروں کی عافیت کھوئی اپنی حماقت پر غور کرو کہ عقل و عشق کے مسائل سمجھنے یا طے کرنے کے لیے دنیا چھوڑ کر یہاں آئے۔ زمین کا تصفیہ زمین ہی پر طے کیا جاتا ہے۔ عقل اور عشق سمجھنے کی چیزیں ہیں یا برتنے کی! شاعر بولا تم نے بحث اشرفِ موجودات کی اٹھائی تھی اسے پہلے طے کر لو۔ شیطان نے کہا اشرفِ موجودات کا تصور اس شخص کے ذہن سے بالاتر ہے جو شیطان کے تصور کا تحمل نہیں کر سکتا!

شاعر نے ہنس کر کہا، گویا اشرف کا مفہوم شیطان کی ذات سے بھی وابستہ کیا جا سکتا ہے۔ شیطان بولا تم کو ہنسنے کا حق نہیں کیونکہ ہنستے ہنستے رونے بھی لگتے ہو۔ مجھے دیکھو آج تک ہنسا نہیں؛ میں سمجھتا ہوں کہ جب کائنات میں سب ہنس چکیں گے اس کے بعد میں سوچوں گا کہ میرے ہنسنے کا وقت آیا یا نہیں!

شاعر کچھ عرصہ تک دم بخود رہا۔ پھر بولا گتھی سلجھنے لگی ہے لیکن انجام واضح نظر نہیں آتا۔ شیطان نے کہا تم تو جہاں سے چلے تھے پھر وہیں پہنچ گئے۔ کیسی گتھی کہاں کا انجام۔ تم انسان بھی عجیب شے ہو اور کیوں نہ ہو جس نے قرنہا قرن ان دیکھی ہستی پر ایمان رکھا ہو وہ ایک لحظہ میں اس سارے طلسم کو کیوں کر سمجھ سکتا ہے۔ تم اس کے منتظر رہتے ہو کہ تائید

ایزدی ہو جائے اور گھر بیٹھے سب کچھ مل جائے جو شخص مانگنے کا خوگر رہا وہ حقیقت کو کب پاسکا ہے۔ جسم و جان کی درماندگی کا نام تم نے عشق رکھ لیا ہے۔

شاعر بولا اس دور میں جب ہر کس و ناکس کے قول و فعل پر سے محاسبہ اٹھا لیا گیا ہے۔ کس بنا پر کہا جا سکتا ہے کہ انسان تائیدِ ایزدی کا منتظر رہتا ہے۔ شیطان بولا جو خدا اور مذہب کا نہیں قائل وہ شیطان اور شیطنت کا کب قائل ہو گا! خدا اور مذہب کا انسان قائل نہ ہو، نہ سہی۔ شیطان اور شیطنت کا پرستار ہو، یہ بھی نہ سہی لیکن پرستش سے وہ باز نہیں آتا۔ وہ خداوند تراشتا رہتا ہے۔ جس چیز کو وہ آزادیِ مقال کہتا ہے وہ صرف ایک حیلہ ہے۔ پہلے لوگ خدا اور مذہب کے نام پر ظلم اور حماقت کے مرتکب ہوتے تھے اب آزادی اور آرٹ کا نام لے کر ظلم اور حماقت کرتے ہیں۔ پہلے گمراہ تھے اب راہ زن ہیں!

شاعر نے کہا تم شاعر ہوتے تو میں تم پر ایمان لاتا۔

شیطان نے کہا اور تم شیطان ہوتے تو میں تم پر فرشتہ ہوتا۔ شاعر نے کہا اچھا شاعری اور شیطنت دونوں داخلِ دفتر، یہ تو بتاؤ۔ تمہارا ایمان کس پر ہے۔ شیطان اس سوال کے لیے تیار نہیں معلوم ہوتا تھا۔ خاموش و غمگین ہو گیا اور ایک طرف کو چل دیا! وفد جیسا گیا تھا ویسا ہی واپس آیا۔

شاعر نے دنیا میں پہنچ کر ایک مصرعہ موزوں کیا۔

وہ ہم سے بھی زیادہ کشتۂ تیغِ ستم نکلے!

ارہر کا کھیت!

دیہات میں ارہر کے کھیت کو وہی اہمیت حاصل ہے جو ہائیڈ پارک کو لندن میں ہے دیہات اور دیہاتیوں کے سارے منصبی فرائض، فطری حوائج اور دوسرے حوادث یہیں پیش آتے ہیں۔ ہائیڈ پارک کی خوش فعلیاں آرٹ یا اس کی عریانیوں پر ختم ہو جاتی ہیں، ارہر کے کھیت کی خوش فعلیاں اکثر واٹرلو پر تمام ہوتی ہیں۔ یورپ کی عورتوں کو حقوق طلبی کا خیال بہت بعد میں پیدا ہوا لیکن ارہر کے کھیت میں کتنی گاؤں والیاں مسز پنکھرسٹ سے پہلے یہ مہم سر کر چکی ہیں۔ یہ دیہاتوں کی اسمبلی ہے جہاں عورتوں اور بچوں کو گاؤں کی انتظامی حکومت میں اتنا ہی دخل ہوتا ہے جتنا ہندوستانیوں کو اسمبلی یا کونسل میں۔ دونوں بولتے ہیں ضد کرتے ہیں جھگڑتے ہیں، روتے بسورتے ہیں اور اپنے اپنے گھر کا راستہ لیتے ہیں۔ دیہاتی عورتیں اور بچے کچھ اور مفید کام کر جاتے ہیں جن سے ان کو اور کھیت دونوں کو فائدہ پہنچتا ہے ارکان حکومت وہ کرتے ہیں جس سے وہ خود فائدہ اٹھاتے ہیں، دوسرے نقصان۔

شام کا دھندلکا اور گاؤں کا دھواں پھیلنے لگتا ہے کتے بھونکنے لگتے ہیں، کسان

اور ان کے تھکے ہوئے مویشی ایک دوسرے سے سرگوشی کرتے ہوئے دیہات کو واپس ہوتے ہیں دونوں کے ذہن میں ایک ہی بات ہے۔ یعنی گھر پہنچ کر کھانا ملے گا، سونے کو ملے گا اور عافیت ملے گی۔ مویشی اور مالک دونوں کا خاندان ایک ہی ہوتا ہے۔ کسان کی بیوی اس کے بچے بچیاں اور اس کا بوسیدہ جھونپڑا کسان کے لیے اتنے ہی عزیز اور کارآمد ہوتے ہیں جتنے خود مویشی کے لیے۔ کسان اور مویشی دونوں ایک دوسرے پر اعتماد کرتے ہیں اس لیے زندگی کی تکالیف کو خاطر میں نہیں لاتے۔ کسان کتنا ہی فلاکت زدہ کیوں نہ ہو روشن خیال میاں بیویوں سے زیادہ جری اور پر امید رہتا ہے۔

گاؤں کے قریب کنویں کے سامنے سے ایک راستہ کھیت کی سمت گیا ہے ایک طرف گڑھا ہے جس میں کھاد جمع ہے دوسری طرف ببول کا پرانا کھوکھلا درخت ہے جیسے کوئی کہن سال و تمغہ یافتہ فوجی۔ جس پر دو ایک شب بیدار بزرگ اس طور سے بیٹھے ہوئے گرد و پیش کا جائزہ لیتے ہوتے ہیں جیسے پہلی جنگ عظیم کے اختتام پر یورپ کے سورما تساخ زریں پر بیٹھے ہوئے گرد و پیش اور نزدیک و دور قبضہ جمانے کی فکر میں ہوں۔ عورتوں کی کچھ تعداد جمع ہوئی تھوڑی دیر تک مزید کمک کا انتظار کیا گیا۔ ان میں جو جوان تھیں کنویں کی جگت پر بیٹھیں پاؤں لٹکائے ہوئے گنگناتی ہنستی بوڑھیوں کو برہمی و بیزاری کی دعوت دیتی ہوئی کچھ بوڑھیاں تھیں جو جگت کے نیچے بیٹھی کراہ رہی تھیں۔ کبھی گالیاں دیتیں کبھی کھانسنے لگتیں۔ ایک ٹولی اور آپہنچی۔ اور سب ایک دوسرے کے پیچھے چلنے لگیں۔ جسم کو تولتے ہوئے نوجوان لڑکھڑاتیں تو ایک ہلکی سی چیخ اور بلند قہقہہ کے ساتھ سنبھل جاتیں۔ بوڑھیوں کا قدم ڈگمگاتا تو زمیندار، وہ کسان جس کا کھیت حاشیہ پر ہوتا، موسم، پاس کے لڑکا لڑکی یا خوش خرام نوجوان عورتوں کو گالیاں دینے لگتا۔ چلتے چلتے قافلہ ایک تاریک ناقابلِ عبور فصیل کے سامنے رک گیا۔ یہ دیہاتی بلجیم کے قلعے تھے۔

ناظرین سمجھ گئے ہوں گے کہ یہ لشکر کس مہم پر روانہ ہوا تھا۔ یہاں وہ سب کچھ ہوگا جس کے لیے ہم چوری یا مار کھاتے ہیں یہیں سے شاعری کا اختتام اور تعزیراتِ ہند کا

آغاز ہوتا ہے اور حفظانِ صحت کے طرح طرح کے جراثیم کا انکشاف ہوتا ہے۔ کچھ منچلے یا مظلوم پہلے سے پہنچ چکے ہیں اور کسی سے وعدۂ دیدو۔ کے مزید کا قول و قرار ہے، وہ سراپا شوق چلا آرہا ہے اور کسی کا گدھا کھو گیا ہے وہ بھی بھٹکتا ہوا آپہنچا ہے۔ یہ ارہر کے کھیت کا کرشمہ ہے کہ بچھڑے یہاں ضرور ملتے ہیں۔ یہ اور بات ہے کہ کبھی گدھے والے کا ہاتھ عشاق کی گردن پر ہوتا ہے یا خود گدھا کسی محبوب کے پہلو میں۔ کبھی یورپ میں ماسکوریڈ (جشنِ نقاب پوشی) منایا جاتا تھا ہندوستان میں اس کا سماں اکثر ارہر کے کھیت میں نظر آجاتا ہے!

جوانی کھونے کے ہندوستان میں دو بڑے جانے پہچانے مقام تھے۔ شہر کی گلیاں اور ارہر کے کھیت اب ان میں یونیورسٹیوں اور کارخانوں کا بھی اضافہ کر لیا گیا ہے۔ یہاں کے بھٹکے یارانده و درمانده یا تو شفاخانے پہنچتے ہیں یا جیل خانے! ہسپتال سے زندگی اور جیل خانے سے موت گھبراتی ہے۔ شباب اور مفلسی کا اجتماع اتنا ہی بے کیف ہے جتنا بے مرچ کا سالن یا بے تمباکو کا پان مانا کہ مرچ اور تمباکو صحت کے لیے مضر ہیں لیکن تندرستی کا مصرف تندرستی کو ہر قیمت پر قائم رکھنا ہی نہیں ہے۔ اس سے لطف اٹھانا بھی ہے۔ شباب میں بڑھاپے کا لطف، اگر اسے لطف کہہ سکتے ہیں، اٹھانا ممکن ہے لیکن بڑھاپے میں شباب کا کیف کیسے پیدا کیا جا سکتا ہے۔ شباب اور پیری دونوں حالاتِ منتظرہ ہیں۔ ایک کا مقصود انتظارِ "دشمنِ ایمان و آگہی" یا "رہزنِ تمکین و ہوش" ہے اور ہمیشہ عقل سے شرمسار ہونے پر اصرار ہے۔ دوسری طرف پیری ہے جو عقل ہی نہیں ہر حواس سے شرمسار رہتی ہے!

ارہر کے کھیت میں عقل سے شرمساری کی نوبت آتی ہے تو گاؤں والے لبولے سے کام لیتے ہیں اور عدالت رندے سے خبر لیتی ہے کسی منچلے شہری کا ارہر کے کھیت میں دیہاتیوں کے ہاتھ سے مار کھانا اتنا ہی دلچسپ منظر ہے جتنا کسی پبلک مشاعرے میں پہلے ناس شاعر کا اپنا کلام سنانا۔

کسان سمجھتا ہے کہ جب تک زمیندار اور پٹواری موجود ہیں اس کی ساری ملکیت منقولہ ہے الا عورت۔ شہری اس کا قائل ہے کہ جب تک یورپ اور دولت کی کارفرمائی ہے اس وقت تک سب کچھ غیر منقولہ ہے لیکن عورت۔ دیہات کا آدمی، عورت کو مایۂ عزت سمجھتا ہے، شہری وسیلۂ تفریح دیہاتی کے نزدیک عورت کا تصور یہ ہے کہ وہ اس کا مکان ہے جہاں

وہ بنتا ہے، بولتا ہے، آرام کرتا ہے، پناہ لیتا ہے اور فشارِ حیات سے عہدہ برآ ہونے کے لیے تازہ دم ہوکر نکلتا ہے۔ تعلیم یافتہ کے نزدیک عورت ایک جنسی تقاضہ ہے یا ایک وسیلۂ تفنن جس کے لیے اس نے جوپاٹی اور اپالو تعمیر کرلیا ہے۔ کسان پناہ اور آرام چاہتا ہے شہری عیاشی و ہوسناکی کے درپے رہتا ہے۔ گاؤں میں محنت، دیانت اور عورت ہے۔ شہری عورت کا طالب رہتا ہے لیکن محبت کے لیے نہیں لذّت کے لیے!

ارہر کا کھیت دیہات کی زنانہ پارلیمنٹ ہے۔ کونسل اور اسمبلی کا تصوّر یہیں سے لیا گیا ہے۔ گاؤں کا چھوٹا بڑا واقعہ یہاں معرضِ بحث میں آتا ہے۔ فلاں کی شادی کب اور کہاں ہو رہی ہے، داروغہ جی کیوں آئے اور کیا لے کر گئے۔ پٹواری کی بیوی نے اس سال کون کون سے نئے زیور بنوائے۔ رکمنیا کے بچّے کیوں نہیں پیدا ہوتے اور سکھیا کے حمل کیسے ٹھیرا۔ ایک نے کہا میری گائے کے بچھیا ہوگی۔ دوسری بولی پہلوٹھی کی بچھیا ہوچکی ہے اب کے بچھوا ہوگا۔ اس پر اختلافِ آرا ہوا اور ہمارے لیڈروں کی طرح دونوں بھول گئیں کہ دراصل کس شغل میں مصروف تھیں اور اب کیا ہو رہا تھا۔ ایک غوغا بلند ہوا۔ بھگدڑ مچ گئی۔ کھیت کے چاروں طرف سے مرد عورت، بچے، گیدڑ، کتے، لومڑی، بن بلاؤ نکلنے بھاگنے لگے، جیسے اسمبلی میں بم گرا ہو!

ایک روز: مقرّرہ وقت سے نصف گھنٹہ پہلے کلاس پہنچ گیا معلّم کی حیثیت سے کلاس میں تنہا پایا جانا پانے والوں کے لیے بڑی دلچسپی کا موجب ہوتا ہے۔ جیسے کسی غیر متوقّع مقام پر کسی نادر الوجود جانور کا ڈھانچہ مل جانا۔ ایسی صورت میں ہر اُس گزر جانے والے کو مخاطب کرنا اور اس سے اظہارِ برتری کرنا ضروری ہو جاتا ہے جس کے متعلّق یہ اندیشہ ہو کہ یہ ہماری ہیئتِ کذائی پر سوچنے کا اہل ہے۔ اس اثنا میں ایک کتا سامنے سے گزرا اور ہم نے اس طرح سے للکارا اور آمادۂ نقضِ امن ہوئے گویا اردو پڑھانے کے علاوہ یونیورسٹی نے ہم کو کتوں کے دفعیہ کے لیے تھانہ دار بنا دیا تھا۔ پھر ایک بہشتی سامنے آگیا۔ ہم نے انتہائی سرپرستانہ لہجہ میں پوچھا کیوں، اس طرف کا دروازہ کھل جانے سے تم لوگوں کو آنے جانے میں بڑی آسانی ہوگئی ہوگی؟ اس نے نہایت انکسار اور متشکرانہ انداز میں ہامی بھری۔ ابھی یہ تکلفات ختم نہیں ہوئے تھے کہ ایک خوانچہ والا دکھائی دیا۔ بولا میاں اس دروازے کی کنجی آپ ہی کے پاس رہتی ہے؟

دروازہ کھلنے سے بڑا آرام ہوگیا۔ رخوانچہ کے اندر جو سرپر رکھا ہوا تھا کچھ ٹٹولتے ہوئے، خدا آپ کو سلامت رکھے یہ لیجیے بریلی کا بڑا تحفہ امرود ہے۔ اب سمجھ میں آیا کہ یونیورسٹی نے معلمین کے لیے کس مصلحت کی بنا پر گاؤن پہننا ضروری قرار دیا ہے۔ اتنے میں ایک طرف سے حاجی بلغ العلا اس طور پر جھپٹتے ہوئے نکلے گویا کملی اور داڑھی کے علاوہ

عالم تمام حلقۂ دامِ خیال ہے

حاجی صاحب کا عربی نام "بلغ العلےٰ" اور فارسی "جریب زیتونی" ہے۔ کچھ لوگ "سابق دیوانہ ہمدرد" حال ابوالمجنون" کہتے ہیں۔ کچھ دنوں "خشت البنزایہ" پر زور لگاتے ہوئے ان دنوں "قانون مسعودی" کا ترجمہ کررہے ہیں۔

ملتے ہی فرمانے لگے جلدی سناؤ جلدی۔ میں نے کہا کیا؟ فرمایا کوئی اچھا سا شعر۔ میں نے کہا سنئے۔

وہ تری گلی کی قیامتیں کہ لحد سے مُردے نکل پڑے
یہ مری جبینِ نیاز تھی کہ جہاں دھَری تھی دھَری رہی!

گردن ہلا کر "بجلوہ ریزیٔ کملی" و "بہ پرفشانیٔ ریش سکوتِ سخن شناس" کا اظہار کیا میں نے کہا کوئی موضوع بتائیے تو مضمون لکھوں۔ فرمایا۔

"ارہر کا کھیت"

دریافت کیا کیوں جناب! اس شعر کا یہ معاوضہ، سخن فہمی کی داد دیتا ہوں، کملی کو حاجی صاحب نے جناب "کراماً" کے سر سے اٹھا کر "کاتبین" پر ڈال دیا (میں نے سہولت کی خاطر ان "تمبا" بزرگوں کے نام علیحدہ کردیے ہیں) اگر کوئی صاحب ان کے نام ونشان، حسب نسب وطن اور مشاغل کی بابت اپنا ذخیرۂ معلومات وسیع کرنا چاہتے ہوں تو نیاز صاحب سے رجوع کریں۔ امید ہے کہ نیاز صاحب باب الاستفسار کے جون نمبر میں اس پر اظہار خیال فرمائیں گے۔ فرمایا نواب صاحب کہاں ملیں گے۔ میں نے کہا نواب مزمل اللہ خاں صاحب کو یہ شعر سنائیے گا کہنے لگے نہیں جی وائس چانسلر صاحب، نواب مسعود یار جنگ صاحب بہادر، میں نے کہا ان کو سنانا ہے تو پھر یہ سنائیے گا۔

ترا کہ زور بہ بازو نے تیغ زن ہا قیست بگیر تیغ کہ آں حسرت کہن باقیست

فرمایا یہ کیا، میں نے کہا اس لیے کہ

من آں علم و ہنر را با پرِ کاہے نمی گیرم
کہ از تیغ و سپر بیگانہ سازو مردِ غازی را!

حاجی صاحب قبلہ نے کچھ اکتا کر کچھ بے اختیار ہو کر فرمایا ارے میاں یہ سب تو ہوا۔ کلاس میں بیٹھ کر تمہارا لکچر سنوں گا۔ میں نے کہا اور کلاس کی ڈسپلن کا کون ذمہ دار ہوگا۔ فرمایا، السلام علیکم!

مُرشد

مارواڑی عورتوں، بنگالی مردوں اور شرعی مسلمانوں کے ساتھ سفر کرنے میں مجھے بڑی کوفت ہوتی ہے۔ ایک بار ان سب کا ساتھ ہوا۔ مرشد ہم بالائے علم۔ حقیقت یہ ہے کہ مرشد نہ ہوتے تو زنجیر کھینچ لیتا یا سمتِ مخالف سے آنے والی گاڑی پر کود جاتا۔ ایک میں مالی نقصان تھا دوسری میں جان کا۔ کچھ ہوتا یہ کیا کم تھا کہ اپنا ہی ہوتا دوسرے کا نہ ہوتا۔ قومی نقطۂ نظر سے یہ صورت مناسب نہ تھی پھر مرشد کا ساتھ، جن کی معیت میں ایک بار کانگریس کے پنڈال اور حکیم اجمل خاں مرحوم کے مطب میں ہو آیا تھا۔ بہر حال قوم کی خاطر میں نے زندہ رہنا اور سفر کرنا گوارا کر لیا۔

اسی طرح کی قومی الجھنوں اور ذاتی وسوسوں میں مبتلا تھا کہ مرشد پر نظر جا پڑی معلوم ہوا کہ برہمی کے بجائے اضطراب کا عالم ہے۔ مرشد کا اضطراب دو طرح کا ہوتا ہے۔ ایک تو جب بھوکے ہوتے ہیں اور ایسا کم ہی ہوتا ہے کہ بھوکے نہ ہوں۔ دوسرا ایک واقعہ ہے جس سے شاید کم لوگ واقف ہوں۔

جس سال کالج نمان کو آپریشن کی زد میں آیا مرشد اور میں ہم نوالہ ہم اقامہ ہم سبق

اور ہم خیال تھے۔ مرشد ان طلبہ میں سے تھے جن سے کالج کے اربابِ حل وعقد مرعوب یا مشتبہ رہے۔ وہ یوں کہ ان کی حاضری ہمیشہ کم رہتی تھی لیکن اچھے سے اچھے نمبروں سے پاس ہوتے۔ یونین کے بے مثل مقرروں میں سے تھے۔ کرتا، پاجامہ گھریلو، داڑھی شرعی، شیروانی حیدر آبادی۔ غذا ڈائننگ ہال کی، ناشتہ دوسروں کا، دوا دہلی کی۔ مرشد کو ہمیشہ اس کا اندیشہ رہا کہ ان کی تندرستی ناقابلِ اعتبار ہے اس لیے آس پاس کے تمام معتبر اور غیر معتبر حکیم اور ڈاکٹروں سے رجوع کیا کرتے تھے جن میں حکیم اجمل خاں اور ڈاکٹر انصاری بھی تھے اور ایسے بھی جن کے نام سے یا تو ان کا سائن بورڈ واقف ہوتا یا خود مرشد یا پھر وہ جن کے بارے میں کہا گیا ہے۔

آں را کہ خبر شد خبرش باز نیامد

دہلی جا کر ان سب کی تجویز کردہ یونانی، انگریزی، ویدک دوائیں خریدتے۔ طرح طرح کے پھل اور مٹھائیاں بھی ہوتیں۔ اسٹیشن کے خوانچہ فروشوں سے بھی کچھ نہ کچھ خرید لاتے۔ بورڈنگ پہنچ کر اعلان کرتے۔ مریضوں اور مخلصوں کا اجتماع ہو جاتا۔ ان فتوحات میں شریک ہونے کی ایک شرط تھی یعنی جو شخص پھل اور مٹھائی میں حصہ لگائے اس کو دوا بھی کھانی پڑے گی۔ اور جو شخص اپنی پسند کی دوا کھائے گا اس کو مرشد کا انتخاب کیا ہوا پھل کھانا پڑے گا۔ اسی طرح اس کے برعکس مرشد دواؤں کے خواص اس مخلصانہ انداز سے بیان کرتے کہ ہم سب اپنے میں کوئی نہ کوئی بیماری یا اس کے آثار محسوس کرنے لگتے۔ کسی نے دوا کھانے میں تامل کیا تو اس کے امراض کے عواقب سے اس طور پر ڈراتے جس طرح مولوی عذابِ عقبیٰ سے۔ اپنی لائی ہوئی دوائیں مرشد خود بہت کم استعمال کرتے البتہ جہاں کہیں پہنچ جاتے اور کسی اور کی دوا رکھی ہوئی مل جاتی تو اس کو کھائے بغیر نہیں رہتے تھے۔ کسی مرض یا مریض کے لیے دوا تیار ہونے کا اہتمام یا چندہ ہوتا تو مرشد خود شریک ہوتے قدمے، دلمے، نخنے۔

ایک دفعہ عطاء اللہ خاں درانی کے کمرے میں پہنچ گئے۔ خان کو کیمیا بنانے اور کھچڑی پکانے سے غیر معمولی شوق تھا۔ صبح سے شام تک سید محمود رکچّی بارک اکے برآمدے میں

انگیٹھی دہکتی رہتی کیمیا سے سیر ہو جاتے تو کھچڑی کی دیگچی آگ پر رکھ دیتے اور کھچڑی سے فراغت پاتے تو کیمیا میں مصروف ہو جاتے نمونیا سے ڈرتے اور کسی لڑکی پر عاشق تھے۔ مرشد نے فرمایا بھوکا ہوں کچھ کھلاؤ۔ خان نے کہا کھچڑی میں تو دیر ہے اس وقت کچھ اور موجود نہیں۔ بریکیٹ کی طرف اشارہ کرکے پوچھا اس مرتبان میں کیا ہے فرمایا معجونِ جالینوس دہلی سے منگائی ہے۔ اتنے میں خان کسی دوسری طرف متوجہ ہوئے، مرشد نے ساری معجون مرتبان سے معدہ میں منتقل کردی۔

مرشد پر اس کا کوئی اثر نہیں ہوا۔ کہنے لگے، ہندوستانی دواؤں میں شکر خوشبو یا بد بو کے علاوہ کوئی اور بات قابلِ اعتنا نہیں ہوتی۔ اس لیے مقدار کا سوال نہیں پیدا ہوتا۔ پھر بات دیسی طریقۂ علاج پر چلی۔ فرمایا اطبا مرض کا علاج کرتے ہیں، ہونا چاہیے مریض کا علاج۔ مرض ایک غیر شخصی چیز ہے۔ مریض ایک شخصیت۔ عام طور پر اطبا دونوں کو ایک قرار دیتے ہیں۔ اسی سبب سے مرض کبھی کبھی جاتا رہتا ہے تب بھی مریض ماؤف رہتا ہے۔ عرض کیا مرشد آپ کی قسمت میں دوا کھانے کے بجائے دوا تجویز کرنا ہوتا تو کیا کرتے۔ فرمایا ہر مرض کا علاج اچھی سے اچھی غذا سے کرتا۔ میں نے کہا علاج الغربا شاید اسی اصول پر تصنیف کی گئی ہے۔

ذکر تھا کالج پر نان کوآپریشن کے حملہ کا اور بیچ میں آ گئے یہ "صفحاتِ معترضہ" مرشد کو نان کوآپریشن کی تحریک سے کوئی ایسی دلچسپی نہ تھی بلکہ اربابِ کالج کے ایک حد تک معاون تھے اور نان کوآپریشن کی تحریک کے جلسوں اور ہنگاموں میں تفریحاً شریک ہوا کرتے تھے۔ وہ رات آج بھی یاد ہے جب ہم دونوں شورش مچانے والوں کی "سعیِ لاحاصل" پر صاحب باغ میں بیٹھے گفتگو کر رہے تھے کہ صبح کالج تو جانا نہیں ہے ناشتہ میں دلیے کی بجائے کھچڑی کیوں نہ ہو۔ اتنے میں سیّد نصیرالدین علوی گاتے گالی دیتے اور ہکلاتے آ گئے۔ ان سب سے فارغ ہو کر گویا ہوئے۔ صبح مجھے غسل کر کے مولانا محمد علی کی ہونے والی تقریر کا جواب سوچنا ہے۔ ذاکر صاحب نے کہا یہی مجھے بھی کرنا ہے۔ بحث کی نوعیت یہ تھی ذاکر صاحب کہتے تھے دو باتوں میں سے ایک کرنی ہوگی یا تو میں نہاؤں گا آپ تقریر کا جواب سوچیں گے یا آپ غسل فرمائیں گے میں تقریر کا جواب سوچوں گا۔ دونوں حرکتیں دونوں نہیں کریں گے

علوی صاحب کو اس پر اصرار تھا کہ پہلے یہ طے کر لیا جائے کہ غسل کا حق مرجح کس کو ہے. غرض تا دیر دونوں میں طرح طرح کی بحث طرح طرح سے ہوتی رہی۔

صبح ہوئی۔ یونین میں جلسہ ہوا، میں اور مرشد بھی ایک طرف بیٹھ رہے۔ مولانا محمد علی نے حسبِ معمول بڑی پُر زور تقریر کی لیکن حاضرین پر کچھ زیادہ اثر نہیں ہوا۔ ان کے بعد مولانا شوکت علی آئے، دوپہر ہونے والی تھی۔ دونوں بھائی ٹرین سے کہیں باہر جانے والے تھے۔ تقریروں کی آخری اور کمزور موجیں کنارِ ساحل سے ہم آغوش ہونے ہی والی تھیں کہ مولانا شوکت علی نے آخری بار ایک مایوسانہ وارفتگی کے ساتھ یہ مشہور اور فرسودہ شعر

سپردم بہ تو مایۂ خویش را
تو دانی حساب کم و بیش را

پڑھا اور تھکے ہوئے انداز سے جاکر اپنی جگہ پر بیٹھ گئے۔ مڑکر دیکھتا ہوں تو مرشد کی آنکھوں سے آنسو جاری ہیں۔ دم بخود ہو گیا۔ مجمع قابو سے باہر ہو چکا تھا۔ مرشد کو کھینچتا ہوا باہر لایا۔

پوچھا یہ کیا ہوا۔ فرمایا رشید صاحب الوداع! زندگی کا آغاز بخیر ہوا انجام کے بھی بخیر ہونے کی دعا کیجیے گا۔ میرے پاس جو کچھ میرا ہے وہ یوسف اور محمود (دو چھوٹے بھائی) کے حوالہ کر دیجیے گا۔ کالج کے کاغذات ہوں گے' ان کو واپس بھیج دیجیے گا۔ میں نے کہا مرشد اس تحریک سے متعلق اکثر گفتگو رہی آپ اس طریقۂ کار کے کچھ ایسے مؤید بھی نہ تھے۔ آخر یہ ہوا کیا۔ فرمایا تحریک غلط ہو یا صحیح اس کے بارے میں یقین اور صحت کے ساتھ کچھ کہنا ناممکن بھی ہے اور قبل از وقت بھی' مجھے جس بات نے بے دست و پا کر دیا وہ یہ خیال تھا کہ کہنے والے یہ نہ کہیں کہ علی گڑھ نے ایسی ایک تحریک میں حصہ نہ لیا جس میں مصائب کا سامنا تھا۔ مجھے تو یہ بتانا ہے کہ فرزندانِ علی گڑھ رزم اور بزم دونوں کی ذمہ داری اٹھا سکتے ہیں آپ مزاحم نہ ہوں' پانسا پھینکا جا چکا ہے۔ انجام جو کچھ ہو اچھا خدا حافظ۔

ریل پر سفر کرنے والوں کی ایک عجیب ذہنیت ہوتی ہے ٹکٹ خرید لینے کے بعد اور کبھی اس کے بغیر بھی یہ سمجھ لیتے ہیں کہ وہ ہر ایسے فعل کے لیے آزاد ہیں جس سے کمپارٹمنٹ

میں گندگی پھیلتی ہو یا مار پیٹ ہو جانے کا امکان ہو۔ ڈبے میں داخل ہوں گے یا داخل ہوئے دیے جائیں گے تو اس بدگمانی کے ساتھ کہ دوسرے تمام مسافروں نے ان کے آسائش کے حقوق غصب کر لیے ہیں۔ اور یہ نان کو آپریٹر قسم کے مظلوم ہیں ان کو حق پہنچتا ہے کہ جتنا ظلم چاہیں کریں، دوسرے کو شکایت یا تدارک کا حق نہیں۔ دوسری طرف بقیہ مسافر اس پر تلے ہوتے ہیں کہ نان کو آپریشن کا چاہے جو انجام ہو تو واردگی جان ورنہ ناموس کی خیر نہیں۔ دونوں اپنی جلیبی کر ڈالتے ہیں لیکن جلد ہی اس طرح گھل مل جاتے ہیں جیسے کچھ ہوا ہی نہیں تھا۔ بک بک کرنے، وہی بڑے کھانے اور جھوٹے پتّے ادھر اُدھر بکھیرنے لگیں گے۔

عام طور پر دیکھنے میں یہ آیا ہے کہ بچے، عورتیں، ریل کے مسافر، محنتی مزدور وغیرہ معمولی سی بات پر برہم ہو کر اس شدت سے لڑتے جھگڑتے ہیں جیسے اس کے بعد پھر کبھی ایک دوسرے کا منہ دیکھنا گوارا نہ کریں گے۔ اور نامعلوم مدت تک درپئے انتقام رہیں گے لیکن تھوڑی ہی دیر میں فریقین ایک دوسرے سے بے تکلف ہو جائیں گے۔ جیسے کچھ ہوا ہی نہ تھا حالانکہ اس سے بدرجہا کم بے لطفی کا کوئی واقعہ پڑھے لکھے مہذب لوگوں کو پیش آجائے تو عمر بھر کے لیے ایک دوسرے سے منحرف ہو جائیں گے۔ شاید ایک کا تعلق جبلّتِ حیوانی سے، دوسرے کا تہذیبِ انسانی سے ہے۔

کمپارٹمنٹ اور غسلخانے کی سرحد پر بیٹھے ہوئے ایک شرعی مسلمان "وضو بنا رہے تھے" وضو کا لوٹا بالعموم میلا اور ٹپکتا ہوتا ہے۔ میلا ہونا اور نہ ہونا ایک نکتہ سے بھی تعلق رکھتا ہے یعنی جب تک کوئی چیز طاہر ہے اس کے میلے ہونے نہ ہونے کا سوال غیر متعلق ہے۔ اگر کسی کو اس سے اتفاق نہیں ہے تو اس کو اپنے گریبان یا تہبند میں منہ ڈال کر غور کرنا چاہیے۔ تہبند شرع کی رو سے یقیناً پاک ہوگا۔ لیکن حفظانِ صحت کے اصول سے میلا اور متعفن۔

چنانچہ وضو اس طور پر کیا جا رہا ہے کہ کچھ پانی کمپارٹمنٹ کے فرش پر گر رہا ہے اور کچھ غسلخانے میں۔ اور دونوں کا آمیزہ لباس اور جسم پر وضو بن گیا تو اس فاتحانہ انداز سے

کھڑے ہوئے جیسے کوئی پرانے زمانے کا تھانے دار دفعہ ۴۴ کے ملزم کو گرفتار کرنے میں کامیاب ہوا ہو۔ بھیگے ہوئے اعضا کو کپڑے سے خشک کرنے کے بجائے ہاتھوں سے پونچھ کر چھینٹے ہوا میں اڑا رہے ہیں۔ کوئی برا مانے یا معترض ہو تو اس طور پر بھپریں گے جیسے اسلام خطرے میں ہو اور صرف یہی ایک مسلمان، دجال سے نپٹنے کے لیے بقیدِ حیات ہوں۔ گاڑی کان پور پہنچی نماز کا وقت تھا، گاڑی سے اتر پڑے اور پلیٹ فارم پر نماز پڑھنا شروع کر دیا۔ ان کو دیکھ کر کچھ اور مجاہد جھپٹے اور نمازِ باجماعت شروع ہو گئی۔ کوئی لیڈر نان کوآپریشن وغیرہ کے سلسلے میں گرفتار کیے گئے تھے۔ اور اسی ٹرین سے کہیں بھیجے جا رہے تھے۔ پلیٹ فارم پر ایسا ہجوم اور شور و غوغا تھا کہ کسی کو اپنی عزت و عافیت خطرے سے خالی نظر نہیں آتی تھی سمجھ میں نہیں آتا اس وقت نمازِ باجماعت ادا نہ کرنے سے اسلام کو کوئی خطرہ لاحق تھا! میدانِ جنگ میں بھی نمازِ باجماعت ہوئی ہے اور ہونی چاہیے لیکن یہ کیسے مان لیں کہ اس وقت پلیٹ فارم پر باجماعت نماز ادا کرنا ضروری تھا اور اس طرح کی نماز ایسے مقام پر کیوں ضروری تھی جہاں ہر طرح کے لوگوں کا ہجوم ہو، ہلچل مچی ہوا در عامتہ الناس کو جن میں مسلمان بھی شامل ہوں راحت اور آزادی کے ساتھ ضروری کاموں کے انجام دینے میں دشواری پیدا ہوتی ہو۔ اگر اس ہلڑ اور دوڑ دھوپ میں باجماعت نماز ادا کی جا سکتی ہے تو مسجد کے سامنے باجا بجنے اور جلوس کے گزرنے پر مسلمان نماز ادا کرنے سے کیسے قاصر رہتے ہیں!

اسی پیچ و تاب میں تھا اور ہر اناڑی ریفارمر ابتدا میں اس طرح کی منہ زوری سے کام لیتا اور بے ضرورت آمادۂ شہادت رہتا ہے کہ مرشد سے داد لینے کے لیے متوجہ ہوا۔ خادم ادب بولے ابھی آنکھ لگی ہے: آواز دی "مرشد" آ گیا عین پلیٹ فارم پر وقتِ نماز، دیکھیے ایک ہی صف میں محمود و ایاز کھڑے ہیں۔ یہ وقت سونے کا ہے یا گورنمنٹ کو گالی دینے کا۔ مرشد نے آنکھیں کھول دیں سامنے سے ایک خوانچہ والا گزر رہا تھا اس سے دہی بڑے کی خیریت پوچھی۔ کون سا اسٹیشن ہے بڑی چہل پہل ہے۔ کوئی بڑا اسٹیشن ہو گا اس نے کہا کان پور ہے۔ فرمایا یہیں وہ کان پور والی مسجد ہے۔ میں نے پوچھا یہ خطرہ آپ کو کیسے گزرا۔ فرمایا کچھ نہیں پلیٹ فارم کے نمازیوں کو دیکھ کر خیال آیا۔ میں نے کہا مرشد کھانے اور سونے

دونوں سے نفرت۔ ذرا یہ تو بتایئے اس وقت پلیٹ فارم پر جماعت کے ساتھ نماز ادا کرنے کی کیا ضرورت تھی! کہنے لگے نمازی اور آپ دونوں نیک لوگ ہیں۔ نمازیوں کا تو یہ خیال ہے کہ جب تک نماز پڑھتے جائیں عقل کو کام میں لانے کی ضرورت نہیں ہے آپ کو یہ مغالطہ کہ جب تک عقل ہے نماز پڑھنا چہ ضرور۔ آخر ہم اس شخص کے پیچھے ڈنڈا لیے کیوں پھریں جو ہمارے آپ کے خیالات سے متفق نہ ہو۔ ہر شخص جداگانہ طبیعت، جداگانہ مذاق اور جداگانہ مقاصد رکھتا ہے آپ کا شمار نہ تو ائمۂ معصومین میں سے ہے اور نہ حکومتِ برطانیہ سے کہ غلطی کا ارتکاب ممکن نہیں۔ بھلا مانس وہ ہے جو حتی الوسع لوگوں سے ہم آہنگ رہ سکے، زیادہ سے زیادہ لوگ اس سے بہرہ مند ہوں اور کم سے کم لوگوں سے وہ خود نفع اٹھائے۔ مسلمان ہونے کا مفہوم یہ بھی ہے۔ میں نے کہا یہ باتیں تو غیر متعلق ہیں، مجھے تو یہ بتایئے کہ اس وقت اس پلیٹ فارم پر نمازِ باجماعت کی کیا ضرورت تھی؟ آپ نے ایسے بزرگوں کو بھی دیکھا ہوگا جو اس تیور اور تجبر کے ساتھ آمادۂ نماز ہوتے ہیں جیسے وہ سارے مسلمان جو ان کے پیچھے نماز نہ پڑھیں گے دوزخی ہیں۔

خبط اور خطابت کا جو دورہ مجھ پر پڑا تھا اس کو جاری رکھتے ہوئے عرض کیا کہ مرشد یہ کچھ نماز ہی پر موقوف نہیں ہے بعض اصحاب روزہ بھی اسی ذہنیت کے ساتھ رکھتے ہیں ان کے روزہ رکھنے کے یہ معنی ہیں کہ وہ کسی شریف آدمی سے ملنے کے لائق نہیں رہ جاتے اور دوسرا شریف آدمی ان سے ملنا گوارا نہ کرے گا مثلاً آپ شکایت کریں کہ ملنے گیا معلوم ہوا آپ آرام فرما رہے ہیں فرمائیں گے کیا کروں روزہ ہے۔ آپ کہیں گے فلاں کام کا وعدہ کیا تھا اب تک پورا نہیں کیا، فرمائیں گے روزہ ہے۔ آپ نے خط کیوں نہیں بھیجا یا جواب ملے گا روزہ ہے اور کپڑے کیوں میلے ہیں، روزہ ہے نہاتے کیوں نہیں روزہ ہے۔ انتقال فرمانے میں کیا قباحت ہے۔ تم جہنمی ہو

مرشد نے فرمایا روزہ کا ذکر ہوتا رہے گا کچھ اس کا بھی خیال ہے کہ اس کے ذکر و فکر سے معدے پر کیا اثر پڑتا ہے۔ کھانے پینے کا کچھ بندوبست کیجیے اس کے بعد روزے

پر زیادہ یکسوئی اور آسودگی سے گفتگو کی جائے گی کھانا نکالا گیا مرشد نے پہلا لقمہ فرو کیا اور پانی کا ایک پورا گلاس اس کے تعاقب میں روانہ کیا۔ فرمایا آج کل فرائضِ مذہبیہ کا ادا کرنا لوگوں نے خدا پر احسان کرنے اور اس کے بندوں سے ناواجب نفع کمانے کا وسیلہ سمجھ لیا ہے۔ مثلاً روزے اس لیے نہیں رکھتے ہیں کہ شعارِ اسلام میں سے ہے اس قسم کی پابندی نفس کو بے راہ روی سے روکتی ہے اور اس کا اثر انفرادی اور اجتماعی زندگیوں پر اچھا پڑتا ہے بلکہ اس طرح نماز پڑھنے اور روزہ رکھنے سے خدا کے وہ تمام اختیارات ان کے ہاتھ میں آجاتے ہیں جن سے وہ اپنے بندوں کو جلاتا، مارتا یا عزت اور ذلت دیتا ہے۔ اس فرق کے ساتھ کہ خدا کی بخشنے کی طاقت اپنے لیے اور چھیننے کی دوسروں کے لیے استعمال کرتے ہیں۔ انھوں نے عبادت کو گناہ سے بچنے کا نہیں بلکہ گناہ کی بازپرس سے بچنے کا وسیلہ سمجھ رکھا ہے مثلاً پانچ گناہ کیے پانچ وقت کی نماز پڑھ دی حساب کتاب برابر ہوگیا۔

عرض کیا کیوں مرشد سوراج مل گیا تو آپ ریل میں سفر کرنے والوں کی بدعنوانی کا کیا علاج کریں گے۔ فرمایا سوراج کچھ آپ کی مسلم یونیورسٹی تو ہے نہیں کہ قوم کی ساری ضرورتوں کے کفیل ہونے کا دعویٰ کرے میں نے عرض کیا سوراج ملنے پر ہم ہندوستانیوں کو سیکنڈ کلاس میں سفر کرنا یا وہاں کے غسلخانے کے آداب برتنے نہ آئے تو حیف ہے آپ پر اور آپ کے سوراج پر۔ فرمایا ہندوستانیوں کو سیکنڈ کلاس نہیں بلکہ تھرڈ کلاس میں ٹھکانے سے سفر کرنا یا وہاں کے غسلخانے کے طور طریقے ملحوظ رکھنا آجائیں تو سوراج کی ضرورت باقی نہ رہے۔ آخر میں عرض کیا مرشد بات دراصل یہ ہے کہ ان انگریزوں کی وجہ سے ہم ہندستانیوں کے لیے قضائے حاجت کا مسئلہ اختیاری نہیں بلکہ اضطراری بن گیا ہے۔ کلکٹر صاحب کا سامنا ہوتے ہی ہم پر پہلا جو ردِ عمل ہوتا ہے وہ ہم کو غسل خانے کے آداب ہی نہیں غسل خانے کے موقع اور مصرف ہی سے یکسر بے نیاز کر دیتا ہے۔

پورب سے کاجل سا بادل اٹھتا گھمتا جھومتا ہنکارتا بل کھاتا ہوا جیسے فیلِ مستِ بے زنجیر یا جیسے انگریزوں کا کوئی ڈریڈناٹ کہیں پیغامِ صلح لے جا رہا ہے۔ شام ہونے لگی تھی پانی

برسنے لگا۔ میں نے کہا مرشد ہندوستان کی برسات سے بھی زیادہ پرکیف منظر کہیں دیکھا ہے۔ کیسی گھٹا اٹھی ہے کس چم خم سے بجلی چمکتی ہے کیسی جانفزا ہوا ہے۔ کتنی اچھی بارش ہو رہی ہے۔ آپ تو بڑے جہانیان جہاں گشت ہیں۔ کچھ سنائیے۔ فرمایا:

بن بادل بجلی کہاں چمکی ....

منتخب یادگار مضامینِ رشید کا ایک اور مجموعہ

شیطان کی آنت

مصنف : رشید احمد صدیقی

بین الاقوامی ایڈیشن جلد منظرِ عام پر آ رہا ہے